스피치는 3분으로 결정된다

GOOD SPEECH
THREE MINUTES

스피치는 3분으로 결정된다

케빈 캐롤 & 밥 엘리엇 지음 | 서은영 옮김

경성라인

c o n t e n t s

1장 준비

2장 내용

우리 둘은 원래 규모가 큰 조직에서 일했었다. 우리가 회사를 설립해 독립한다고 했을 때, 아끼지 않고 격려해 준 옛 동료들에게 지면을 빌어 고맙다는 말을 전하고 싶다. 지난 20여 년 동안 일해 오면서, 우리와 함께 했던 모든 고객들에게도 감사드리고 싶다. 우리는 강연할 때마다 항상 새로운 것들을 배우곤 한다. 우리가 진행했던 여러 세미나와 워크숍에서 새로운 것들을 시도해 볼 수 있었고, 이를 통해 우리 자신의 능력을 향상시킬 수 있었다. 요기 베라는 '경험을 통해 깨달을 수 있다.'고 했다. 이렇듯 우리가 하루하루 발전할 수 있었던 것은 모두가 고객들 덕분이었다.

이 책이 출간되기까지 우리는 유능한 친구들과 많은 고객들의 도움을 받았다. 이들은 초안을 여러 번 읽어보고 내용을 고쳐주기도 했는데, 특히 신경을 많이 써준 세 사람에게 이 자리를 빌려 감사하다는 말을 전하고 싶다.

먼저 이미 5권의 저서를 집필한 저술가인 마이크 리치는 우리의 든든한 조언자로서 집필과 편집 과정에서 많은 도움을 주었다. 다음은 주디스 에클즈에게도 감사를 표하고 싶다. 자신의 이름을 딴 통신회사를 운영하느라 바쁜 와중에도, 마지막에 두 번 더 원고를 수정하면서 결점을 보완함으로써, 이 책의 가치를 더욱 빛나게 해주었다. 그리고 이 책의 표지와 각 장 전체를 디자인해준 밥 서덜랜드에게도, 긴 여정을 함께 해줘서 고맙다는 말을 전하고 싶다.

마지막으로 아낌없이 격려와 지원을 해준 가족들에게 감사한다.

이 책은 어떻게 도움이 될까

첫 번째 이야기

대기업 홍보담당 이사인 젊은 남자가 엘리베이터 안에서 우연히 새로 부임한 CEO를 만났다. CEO는 홍보이사에게 요즘 어떠냐고 근황을 물었다. 그러나 그는 6층에 도착할 때까지도 우물쭈물하면서 시원스럽게 대답을 하지 못했다. 6층에 도착한 CEO는 그에 대해 좋은 인상을 갖지 못한 채 엘리베이터에서 내렸다.

두 번째 이야기

생활 소비재를 생산하는 한 업체의 마케팅 부사장이 사람들 앞에서 15가지의 새로운 프로그램이 포함된 기획안을 설명하기 시작했다. 그러나 사람들은 처음 몇 마디에 귀를 기울인 뒤 금세 흥미를 잃어버렸다.

세 번째 이야기

성적이 뛰어난 한 공학도가 준비해 온 프레젠테이션을 하고 있었다. 그는 세부적인 기술사항에 대해 프레젠테이션을 하면서 슬라이드당 300데이터나 되는 많은 자료를 보여주었다. 하지만 청중들은 시력검사라도 하는 것처럼 빽빽이 채워진 슬라이드를 보면서, 발표자의 말까지 이해하기는 어려웠다. 안타깝게도 성적이 뛰어난 공학도는 이를 깨닫지 못했다.

당신은 하루 종일 사람들과 대화를 한다. 그리고 당신은 다른 사람들에게 "그 말이 무슨 뜻이죠?", "그게 저와 상관이 있나요?", "제가 어떻게 해주길 바라는 거죠?"와 같은 궁금증을 남기지 않는가?

당신은 늘 커뮤니케이션을 한다. 전화상으로, 엘리베이터에서, 당신의 상사 앞에서 혹은 많은 사람들 앞에서…….

우리는 말할 때 항상 분명하고 간결하게 의도하는 바를 전달할 의무가 있다. 당신은 말하고자 하는 바를 흥미롭고 논리 정연하게 표현할 수 있는가? 당신이 말할 때 사람들은 귀를 기울여 들어주는가?

커뮤니케이션을 제대로 하지 못하는 비즈니스맨은 절대로 성공하지 못한다. 당신이 요점을 제대로 말하지 못하면, 듣는 사람도 알아듣지 못한다. 반대로 당신이 효과적으로 커뮤니케이션을 한다면, 듣는 사람에게 좀 더 좋은 인상을 심어줄 수 있다. 사람들은 당신의 말에 귀를 기울일 것이고, 그로 인해 당신의 영향력은 확대되고, 사람들에게 더 존중받고, 궁극적으로 더 성공적으로 비즈니스를 하게 될 것이다. 사회 과학자들은, 사람들은 단순명료하고 흥미로운 증거로 뒷받침되는 메시지를 더 잘 이해하고 오래 기억한다고 한다.

이 책에서 우리는 '다이아몬드'라고 부르는 쉽고 독특한 모델을 소개할 것이다. 당신도 곧 알게 되겠지만, '다이아몬드' 모델은 강당에서, 회의실에서, 혹은 생방송 진행에서, 심지어 음성 메시지를 남길 때도, 때와 장소를 가리지 않고 당신의 메시지를 잘 전달할 수 있게 도와줄 것이다.

이 책 '스피치는 3분으로 결정된다'의 비결책은 현명하고, 정직하고, 성실하지만, 자신의 생각이나 논리적 주장을 표현하는 데 어려움을 느끼는 비즈니스맨을 위한 책이다.

이 책에서는 사적인 커뮤니케이션이나 비즈니스상의 커뮤니케이션을 능숙하게 이끌어가기 위한 방법들을 알려준다. 사적인 자리나 공적인 자리에서 말하고자 하는 요점을 잘 정리해서 전달하는 방법을 알려줄 것이다.

우리는 이 책을 쓰면서 큰 보람을 느꼈다. 독자들도 이 책을 읽고 그런 보람을 느낄 수 있기 바란다.

1장

준비

GOOD SPEECH

Good Speech 1

당신은 항상 무대 위에 있다

대화를 예측하라

몇 년 전, 친구가 일하던 광고 에이전시 회사의 안내원이 퇴직하려고 했다. 직원들은 그녀의 퇴직을 아쉬워하며 조촐한 사내 파티를 열었다. 사람들이 로비에서 수다를 떨며 칵테일을 마시고 있을 때였다. 몇 명이 내 친구에게 다가오더니 이렇게 말했다.

"지금 케이크를 꺼내오려고 하는데 자네가 좀 짤막한 위로의 말을 해주지 않겠어?"

잠시 후 50명가량의 동료들이 일제히 내 친구를 바라보며 그가 말을 꺼내기를 기다렸다. 친구는 잠시 침묵했다. 그리고 어렵게 몇 마디 말을 꺼냈지만 또다시 입을 다물었다. 즉 그는 제대로 말을 못 하고 흐

지부지해버렸다. 송별사를 완전히 망쳐버린 것이다.

이런 식의 태도는 곤란하다. 파티가 시작되기 전에, 그는 잠깐이라도 시간을 내서 만일의 사태에 대비해, 주인공을 위해 한두 마디 정도는 준비했어야 했다. 그랬다면 그녀를 위한 송별회가 순조롭게 진행되었을 것이다.

우리는 늘 무대 위에 서 있다. 엘리베이터에 타고 있는 중에도, 복도를 따라 걷고 있는 중에도, 화상 회의를 하는 중에도, 혹은 시상대에 올라가서도, 우리는 늘 자신의 생각을 전달할 준비가 되어 있어야 한다.

물론 공식적인 경우는 더 많은 시간을 들여 준비를 해야 하며, 일상생활에서 예기치 못한 많은 상황 때문에 당황할 수도 있다. 이제 우리의 말을 믿고 따르기를 바란다. 당신의 생각을 표현하기 전에 잠깐 생각을 정리할 시간을 가져야 한다.

친구에게 갑작스럽게 불똥이 튄 퇴직 송별 파티의 경우를 생각해 보면, 생각하고 말하기까지 많은 시간이 걸려서는 안 된다. 그는 약 5분 정도의 시간을 이용하여, 모두가 관심을 가질 수 있는 이야기를 자연스럽게 꺼내 놓아야 했다. 아니면 감동적인 문장을 얘기했더라도 괜찮았을 것이다. 또는 그녀와 관련된 추억 두세 개 정도만이라도 빨리 메모해 두고 읽었더라면 좋았을 것이다. 그는 "좀 더 준비할 걸……." 하며 아쉬워했다.

Good Speech 2

간단함에 관한 단어

간단함은 복잡함을 이긴다

우리의 삶은 메시지들로 넘쳐난다. 혹시 당신은 보통 사람들이 하루 평균 얼마나 많은 광고에 노출되는지 아는가? 약간의 개인차가 있을지 모르지만, 약 2,500여 건의 광고에 노출된다. 2,500건! 우리가 평균적으로 하루에 16시간 정도 깨어 있다고 가정했을 때, 시간당 150건 이상의 광고에 노출된다는 뜻이다.

신문 기사를 비롯해 TV 쇼, 라디오 프로그램, 잡지, 전화, 이메일, 청구서, 메모, 포스트잇, 냉장고에 붙이는 자석 등등 모든 일상적인 메시지까지도 생각해 보자. 분명한 것은 우리의 뇌는 그런 것들로 고통을 받고 있다는 사실이다. 게다가 당신은 메시지를 전달하려고 할 때

의사소통의 불협화음이라는 문제에도 부딪혀야 한다.

그렇다면 어떻게 이 난관을 뚫고, 자신의 메시지를 명확히 전달할 수 있을까?

간단하다. 당신이 말하고자 하는 내용을 정확히 알고, 그것을 알기 쉽게 이야기하는 것이다.

당신이 준비를 덜 했거나 불안하다고 해서, 해야 될 말보다 더 많은 말을 해야 하는 것은 아니다. 더 많은 정보가 더 좋은 정보를 의미하는 것은 아니기 때문이다.

링컨의 게티즈버그 연설에는 단지 261개의 단어가 쓰였다. 하지만 요즘 대통령 후보들의 연설은 이와는 대조를 이룬다. 이런 현상에 대해 뉴욕 타임스가 "현재의 대통령 후보들은 오랫동안 연설을 했지만, 그들의 말은 장황하고 복잡해서 이해하기 힘들며 제대로 전달되지 않는다."라고 지적하기도 했다.

당신과 이야기를 나누는 보통 사람들은 집중할 수 있는 시간이 매우 짧다(이 책의 저자도 마찬가지다). 그러므로 전달하려는 메시지를 단순하게 만들어야 한다. 그래야만 메시지를 제대로 전달할 수 있게 된다.

우리는 한 가지 흥미로운 문제를 생각해 볼 수 있다. 당신은 다음 문제를 어떻게 알기 쉽게 만들 것인가? 피어오르는 탄소로 된 수증기는 곧 큰 불이 난다는 신호다. 힌트: 이것은 널리 알려진 속담이다(정답은 마지막 장의 맨 끝에 있다).

Good Speech 3

당신 자신이 곧 상품이다

말하고 걸어 다니는 상품

당신의 이웃인 A는 자신이 믿을 수 있다고 생각하는 상표의 세제를 구매한다. 마찬가지로 당신의 '소비자' 즉 당신의 상사나 동료, 고객, 친구는 당신이 갖고 있는 이미지를 통해 당신의 이야기를 믿고 따른다. 당신은 자신의 완벽한 '이미지'를 보여주려고 노력하는가?

당신은 당신 자체가 상품일 뿐만 아니라 그 상품을 관리하는 사람이다. 따라서 유명 브랜드의 상품 관리자처럼, 당신이라는 상품을 포장하고 광고하고 판촉 하는 활동을 해야 한다.

자신이라는 상품은 상대방에게 전달하고자 하는 말로 표현할 수 있는 메시지이다.

자신에 대한 포장은 말 이 외의 다른 부분, 즉 겉으로 보이는 옷차림이나 자신감, 명료함, 확신에 찬 모습을 말한다.

자신에 대한 광고는 메시지를 머릿속에 쏙 들어오게 하는 방법이다. TV 광고처럼 사람들의 눈길을 끌고, 자신에게 관심을 집중시켜, 자신의 장점을 간결하게 전달하려는 것이다.

자신이라는 상품에 대한 판촉활동은 자신에 대한 메시지를 호소력 있게 전달하는 것이다. 당신은 시간과 장소와 상관없이, 당신이 전하려는 메시지를 분명하고 간결하게 전달할 수 있어야 한다.

책의 앞부분에서는 당신이 무엇을 말해야 하고, 어떻게 말해야 하는지를 알려줄 것이다. 이를 적용한 다음, 당신의 소비자가 어떻게 반응하는지를 살펴보라.

Good Speech 4

순간의 기회를 잘 포착해라

당당하게 이야기해라

'뉴요커'지는 MIT 공대의 노암 촘스키(Noam Chomsky)를 '20세기 최고의 지성인 중 한 명'이라고 치켜세웠다. 그러면서 "하지만 그의 목소리는 너무 작아서 마이크가 없으면 좀처럼 알아듣기 어렵다. 그는 말할 때 목소리에 너무 힘이 없어서, 우물거리는 것처럼 들린다."고 지적했다.

만약 우리도 그 사람처럼 머리가 좋다면 그런 발음상의 문제를 겪을지 모른다. 하지만 우리는 그런 지적능력을 갖지 않은 평범한 사람들이다. 그래서 다른 사람과 대화를 나눌 때, 자신의 의견을 제대로 표현하고 메시지를 잘 전달할 수 있도록 해야 한다. 즉 우리는 말할 기회가 왔을 때, 제대로 말할 수 있어야 한다.

우리는 주변에서 지나치게 나서는 사람들을 볼 수 있다. 이들은 허풍을 떤다든지, 잘난 척한다든지, 열정이 지나친 나머지 주위 사람들을 불편하게 한다.

"그 사람은 너무 건방져, 그 여자는 하는 일마다 나서."

하지만 우리는 멀찌감치 떨어져서 묵묵히 바라보기만 하는 '소심한 사람들'도 보게 된다.

"그 사람은 너무 내성적이라, 도대체 뭘 생각하는지 알 수가 없단 말이야, 그 여자는 똑똑해 보이는데, 왜 아무 말도 안 하지?"

자신의 주장을 능숙하게 펼치는 사람은 자신이 말해야 할 시점을 정확히 알고, 기회가 왔을 때 놓치지 않는다.

우리는 다른 사람이 우리의 생각을 알 수 있도록 밖으로 꺼내면 된다. 즉 실제로 행동에 옮기는 것이 중요하다. 어떤 자리에서든 설득력 있게 메시지를 전달하려면, 메시지를 준비하는 규칙이 있어야 한다. 자신이 전달하려는 메시지가 무엇인지 천천히 생각해 보고, 어느 때건 바로 말할 준비가 되어 있어야 한다. 이때 메시지는 작게 나누어, 언제든 필요한 만큼만 내보낼 수 있도록 한다.

조지 부시 대통령이 초기 연설을 했을 때 그에게는 어려움이 많았다. 일부에서는 "부시의 입술에서는 어떤 말도 사라지고 만다."고 비난했다.

자신의 말이나 생각, 의도를 죽여서는 안 된다. 말하는 스타일이나, 성격과 사고방식을 바꾸려고 하는 것은 좋지 않으며, 또한 근본적으로 불가능하다. 하지만 당신이 힘차고, 적극적인 자세로 말하려고 계속 노력한다면, 당신의 단점은 충분히 개선될 수 있다.

당신 스스로가 하고 싶은 이야기를 분명하게 하지 않으면, 다른 누군가가 대신 해주게 되고, 그것은 종종 당신이 말하고 싶은 이야기와 전혀 달라질 수 있다.

Good Speech 5

저에게 하시는 말씀인가요

당신의 청중을 알라

전에, 우리는 과학기술의 요람체인 한 대기업으로부터 중요한 고객에게 제품을 소개하는 자리에 참석해 달라는 요청을 받았다. 그들은 우리가 자신들의 설명을 지켜보고 조언해 주면, 앞으로 중요한 자리에서 더 개선된 모습을 보여줄 수 있을 것이라고 생각했다.

연구원 한 명이 자바(Java, 컴퓨터 프로그래밍 언어의 일종)에 관한 프레젠테이션을 시작했다. 그 사람은 자바에 관해 아주 세세한 점들을 설명하기 시작했다. 예를 들면 JFC/SWING이 포함된 GUI나 글쓰기 애플릿을 만드는 것이었다. 설명을 시작한 지 20분 정도가 흘렀을 때였다. 한 고객이 손을 들고 물었다.

"그런데 자바가 뭐죠?"

이 연구원에게는 안타까운 일이지만, 고객은 자신과 상관도 없는 이야기를 들으며 헤매야 했다. 만약 이 연구원이 사전에 듣는 사람에게 얼마의 정보를 전달할 것인지, 중요한 내용이 무엇인지에 대해 신경을 썼더라면, 이런 일은 일어나지 않았을 것이다. 기억할 점은 말하고 싶은 것뿐만이 아니라, 듣는 사람이 알고 싶어 하는 것이 무엇인지도 염두에 두어야 한다는 사실이다.

앞서 소개한 이야기와 비슷한 또 다른 이야기가 있다. 친구 한 명이 자신의 딸에 대해 이런 에피소드를 이야기했다. 요즘 딸아이가 소프트볼을 배우기 시작해서 어느 날 그는 딸아이의 경기를 보러 가게 되었다. 당시 딸아이의 팀은 수비였고, 상대팀은 공격을 맡고 있었다. 그런데 열성적으로 지켜보던 코치가 아이들을 향해 소리쳤다.

"2루를 무력화시켜! 2루를 무력화시키라고!"

도대체 이 무슨 말인가? 2루를 무력화시키라는 말을 일곱 살짜리 꼬마아이들이 이해할 수 있겠는가? 이는 코치가 자신의 말을 듣는 대상을 고려하지 않았기 때문에, 아이들에게 하고자 하는 말을 제대로 전달하지 못한 것이다. 그는 자신이 말하고 있는 대상이 누구인지를 생각하고, 이렇게 말했어야 한다. "얘들아, 공이 자기 쪽으로 날아오거든 잡아서 2루에 있는 프랭크에게 던지는 거야. 알겠니?"

비즈니스에서도 마찬가지다. 요점을 말하기 전에 항상 듣는 대상을 고려해야 한다. 다음의 몇 가지 중요한 질문을 기억하자.

- 당신의 말을 듣고 있는 사람은 누구인가?(나이, 성별, 교육 정도.)
- 당신이 말하려는 주제에 대해 듣는 사람들은 얼마나 알고 있는가?
- 듣는 사람은 당신과 당신이 일하는 회사, 속해 있는 부서, 그리고 말하는 주제에 대해 관심을 갖고 있는가?
- 듣는 사람에게 중요한 화제는 무엇이고 그렇지 않은 것은 무엇인가?
- 사람들이 당신의 이야기를 듣는 목적은 무엇인가?(그들은 왜 여기에 왔는가.)
- 당신이 말하려는 것들 중에서 듣는 사람에게 중요한 것은 무엇인가?
- 당신은 얼마 동안의 시간을 사용해서 말할 것인가?

당신이 자동차의 연료나 소음, 마찰을 줄여주는 획기적인 브레이크 시스템을 만들었다고 하자. 그리고 이에 대해 정말 멋지게 설명을 한다고 하자. 그런데 정작 청중들은 자동차의 색상에 더 관심을 갖고 있다면 당신이 말하는 내용은 청중의 초점에서 완전히 벗어난 것이다.

당신이 설득력을 갖고 다른 사람에게 효과적으로 메시지를 전달하고 싶다면, 듣는 대상을 정확히 알고, 말하는 내용을 대상에 맞게 조정해야 한다. 다시 한 번 강조하면, 중요한 것은 당신이 말하고 싶은 내용이 아니라 듣는 사람이 알고 싶은 내용이다.

Good Speech 6

나와 무슨 상관이지

내게 무슨 득이 되는데

"나와 무슨 상관이야?"

대부분의 사람들은 다른 사람이 말하는 내용이 도대체 자신에게 무슨 득이 되느냐고 생각할지 모른다. 인간이란 원래 자신에게 이익이 되는 방향으로 생각하고 행동하기 때문이다(이 책을 쓰는 우리도 따지고 보면 명성과 부를 얻기 위해서다). 다른 사람의 이야기를 들을 때, 사람들은 "내게 무슨 득이 될까?", "내가 무엇을 얻을 수 있을까?", "내가 굳이 저 사람에게 제안을 받은 대로 해야 하나?"라며 궁금해한다. 당신의 이야기가 듣는 사람에게 어떤 도움이 되는지 확실히 보여주면 당신이 하는 이야기는 훨씬 더 설득력을 얻게 된다.

뉴욕의 브롱크스 동물원에는 '암흑의 세계'라는 전시관이 있다. 전시관 내부는 어두컴컴하고 너구리, 스컹크, 박쥐 같은 야행성 동물이 생활한다. 몇 년 전에, 동물원 측은 내부로 들어가는 길에 다음과 같은 안내문을 붙였다.

"전시관 안에서 뛰거나 소리를 지르지 마세요. 동물들이 놀랄 수 있습니다." 이해하기 쉬운 문장이지 않은가? 하지만 관람객들은 여전히 소리를 지르고 뛰어다녔다. 그 이유를 알 수 있겠는가? 안내문에 뭔가 빠져 있었다! 바로 "그게 나랑 무슨 상관인데?" 하고 생각해 버리는 사람들의 태도를 놓친 것이다. 브롱크스 동물원은 관람객들에게 뛰거나 소리를 지르지 말아야 하는 어떤 분명한 이유를 알려주지 않았다.

결국 동물원 측은 다시 이런 말을 덧붙여야 했다.

"여러분이 동물들을 놀라게 하면, 동물들은 숨어버리고, 관람은 완전히 엉망이 될 것입니다."

바로 이것이다! 듣는 사람은 '그것이 나랑 무슨 상관이야?'라고 생각한다는 사실을 기억해야 한다.

또한 효과적으로 전달하기 위해서는 먼저 듣는 상대를 고려한 다음, 자신의 이야기를 들으면 상대가 어떤 이익을 얻을 수 있는지를 강조해야 한다. 몇 가지 문장을 들자면 "당신은 더 많은 돈을 벌 수 있어요.", "당신은 피로를 덜 느끼게 될 거예요.", "당신은 더 효율적으로 일할 수 있어요.", "이렇게 하면 다이어트에 성공할 수 있어요.", "당신은 더 행복해집니다.", "회사에서 성공할 수 있습니다.", "사람들이 당신을 더 존경하게 될 겁니다." 등등 이렇게 말해야 한다. 이제 응용해서 자신의 문장을 만들어보자.

실제로 적용해서, 주변에서 성공한 사례들이 많이 있다.

친구 하나가 어느 날 자신의 딸을 바라보다가 딸의 머리가 지저분해서 깔끔하게 다듬어주면 좋겠다고 생각했다. 그래서 한번은 딸과 함께 나갔다 오는 길에, 미용실에 들러 머리를 다듬자고 제안했다. 하지만 딸은 싫다고 했고 그는 계속 설득했다. 이번에는 딸에게 머리를 자르면 훨씬 더 예뻐 보일 거라고 말해 주었다(사실, 그건 그의 생각일 뿐이다). 하지만 딸은 계속해서 싫다고 했고, 그는 고심하다가 새로운 접근방식을 시도하여 머리를 자르는 것이 왜 좋은지 설명하기 시작했다.

"우리 딸, 머리를 자르면, 머리 감고 나서 말리는 시간이 덜 들지 않겠니?"

딸의 반응은 어땠을까?

"알겠어요. 아빠."

과연 친구가 사용한 방법은 효과적이었다.

Good Speech 7

당신이 어디를 향해 가고 있는지 알라

당신의 목표는 무엇인가

당신이 휴가를 떠난다고 가정해 보자. 남편(아내) 그리고 아이들을 챙긴 후, 차를 출발시켜, 신나게 도로를 누비며 달려간다. 그런데 어디로 갈지 아직 결정을 못 했다. 이것은 말도 안 되는 이야기다.

요기 베라가 이런 말을 했다.

"당신이 어디로 가고 있는지 모른다면 결국 엉뚱한 곳으로 가게 될 것이다."

우리가 다른 사람들과 말할 때도 마찬가지이다. 말하려는 내용이 머릿속에서 명확하지 않으면 아예 시작을 말아야 한다. 이것은 누구나 아는 당연한 이야기이다. 하지만 실상은 자신이 정확히 어떤 생각을 하고 있는지도 모르면서 말부터 꺼낸다. 자신이 하고 있는 말의 핵심이 무엇인지 잘 모르는 상태에서, 핵심을 꺼내서 말한다는 것은 당연히 어려운 일이다.

자기 자신에게 물어봐야 할 가장 중요한 질문이 있다. 내가 말하는 목적은 단순히 청중에게 정보를 전달하려는 것인가? 아니면 그들이 뭔가를 하도록 설득하려는 것인가?

우리는 사람들에게 강연을 하는 동안, 많은 사람들이 이야기를 하는 목적은 다른 사람을 설득하는 것임에도 불구하고, 단순히 정보만을 전달하면 된다고 생각한다는 사실을 알게 되었다. 전달하고 싶은 내용이 무엇인지 확실히 알고, 그 내용이 단지 주워들은 정보가 아니라 설득력 있는 설명이 되도록 해야 한다.

예를 들어 당신이 하려는 이야기의 목적은 '팀장에게 현재 맡은 프로젝트의 진행상황을 알려주는 것'이다. 목적은 확실하지만, 당신의 팀장은 그 정보에 대해 정말 관심이 있을까? 정보의 근본적인 목적은 무엇인가? 당신의 팀장에게 어떤 실질적인 가치가 있을까? 당신은 이야기의 목적을 이렇게 다시 바꿔볼 수 있을 것이다. '시간과 예산에 맞게 일을 잘 진행하고 있다는 것을 팀장이 확신할 수 있도록 하는 것'이다.

2장

내용

GOOD SPEECH

Good Speech 1

논리 규칙

서론, 본론, 결론을 나눠라

당신은 혹시 아이들이 보는 퀴즈 책을 본 적이 있는가? 그 안에는 몇 컷으로 이뤄진 만화가 실려 있는데 각각의 그림은 순서가 뒤죽박죽이다. 아이들은 각각의 그림을 보고 논리적으로 배열하여 하나의 완전한 내용을 만든다. 나올 수 있는 답은 여러 개지만, 단지 하나만 올바른 답이다.

마찬가지로 당신이 자신의 생각을 잘 정돈하여 논리적 순서로 말하면 듣는 사람은 더 명확히 이해한다. 특히 청중이 듣다가 피곤해지거나 너무 많은 정보로 어려워하는 경우는, 더욱 논리적으로 설명할 필요가 있다. 청중에게 논리적으로 주장해야 하는 것이다. 당신이 말하는 모든 것이 올바른 자리에 놓이도록 해야 한다.

당신이 전에 프레젠테이션 훈련을 받아 본 적이 있다면, 거의 모든 강사들이 좋은 프레젠테이션에는 다음과 같은 순서가 필요하다고 했을 것이다.

"먼저, 청중에게 무엇에 대해 말할지를 설명하세요(서론)……. 이제 본격적으로 이야기를 시작하세요(본론)……. 그 후에 했던 이야기를 정리하세요(결론)."

훌륭한 조언이다. 말을 할 때 논리적인 순서를 무시하면, 듣는 사람은 금방 주의가 산만해진다. 논리적인 지도에 길을 내어 메시지를 명확히 보여줘야 한다.

당신이 어떤 메시지를 전달하든 간에 뚜렷한 목적을 갖고 있다. 청중에게 프로그램을 알기 쉽게 설명하거나, 그들에게 어떤 행동을 하도록 촉구하거나 또는 일에 대한 타당성을 제시하거나, 상품이나 아이디어를 파는 것과 같은 이유를 들 수 있다. 하지만 청중들도 앉아서 당신의 이야기를 듣는 데는 이유가 있다. 무언가를 배우기 원해서, 또는 무언가를 하고 싶거나 사기 위해서다. 당신이 해야 할 일은 둘 사이의 서로 다른 목적을 가능한 가깝게 연결시키는 것이다. 당신이 이 실용적인 순서를 활용한다면, 메시지를 더욱 성공적으로 전달 할 수 있게 된다.

30초의 '간단한' 메시지든, 직원을 위한 5분짜리 회의 보고서든, 45

분 길이의 프레젠테이션이든 알기 쉽게 전달하려면 서론, 본론, 결론이 있어야 한다. 다음 장에 다이아몬드 모델에 관한 내용이 나오지만 프레젠테이션을 할 때 서론에는 주제를 제시하고 본론에는 부제로 나눠 설명하고, 결론에서는 요점으로 마무리한다. 이것이 사람들이 새로운 정보를 이해하고 납득하는 방법이다.

Good Speech 2

다이아몬드 모델은 보석이다

말할 내용 정리하기

많은 사람들이 프레젠테이션을 할 때, 청중들이 자신의 말을 열심히 들어줄 것이라고 착각하면서, 두서없이 이야기를 풀어놓는다. 왜 그럴까? 신경을 써야 할 대상은 듣는 사람이 아니라, 말하는 사람이다. 청중의 역할은 정보의 수용이지 정보의 해독은 아니니다.

앞에서 언급했듯이 논리적으로 말할 때, 듣는 사람은 당신의 의도를 더 잘 이해하게 된다. 효과적인 대화를 원한다면, 먼저 자신의 생각을 확실히 밝히고 뒷받침되는 증거들을 제시해야 한다. 그리고 동시에 흥미롭고 호기심을 자극하는 이론으로 색을 입혀야 한다.

그래서 우리는 이제 소개할 다이아몬드 모델을 개발했다. 그것은 서론, 본론, 결론에 대한 기본적인 순서와 본론에 들어가는 세 개의 부제들의 개념을 통합한 것이다.

그렇다면 이제 다이아몬드 모델을 실제적으로 적용해 보자.

우선, 당신은 청중의 관심을 확 끌 수 있어야 한다. 관심을 끌지 못한다면 당신의 이야기를 잘 들어줄 리가 없다. 그러기 위해서는 친밀감을 높여주어야 한다. 즉 개인적인 경험담을 들려주거나, 한두 가지의 질문을 곁들이는 것도 좋다. 또는 놀라운 통계를 제시하여 관심을 끌거나, 당신과 그들을 연결해 줄 수 있는 다른 방법들을 사용해도 좋다.

그런 다음, 다이아몬드 모델의 맨 위쪽부터, 주제를 명확하고 정확하게 설명한다. 듣는 사람이 다음에 나올 이야기를 마음대로 추측하게 해서는 안 된다. 앞으로 듣게 될 이야기가 무엇이며, 왜 그들이 관심을 갖고 잘 들어야 하는지를 말해야 한다(기억해야 할 것은 그들은 당신의 이야기가 자신에게 어떤 이득이 되는지 알고 싶어 한다).

다음은 세 가지 부제들에 대해 간략한 소개를 한다. 프레젠테이션의 전체 내용을 이 세 가지로 요약한다. 명확하게 "1번, 2번, 3번"을 붙여서 말하여, 청중이 쉽게 당신의 말을 따라 갈 수 있게 한다.

간략한 소개를 마친 후에는, 이제 '본론'으로 들어가 세 가지의 부제들을 구체적으로 설명한다. 본론에는 청중을 확신시키고, 부제를 뒷받침하는 증거가 있어야 한다. 이것이 당신이 전하는 메시지의 핵심이다.

세 번째 부제에 대한 설명이 끝나면, 세 가지 부제를 간단하게 요약하여 청중에게 각각의 중심적인 내용을 상기시킨다. 다시 한 번 "1번, 2번, 3번"을 붙여 요약하여, 청중이 당신의 요점을 벗어나지 않게 한다.

결론에 이르러 서론에서 말했던 '주제'를 다시 언급해준다. 다시 한 번 청중이 왜 당신의 이야기에 관심을 기울여야 하는지 말하고, 주제를 청중과 관련시킨다.

마지막에 당신은 청중의 마음을 움직여 행동하게 한다. 청중이 발전하기 위한 다음 단계로써 무엇을 해야 하는지 말해주고 그들의 의지를 확고하게 한다.

그러나 이 다이아몬드 모델은 프레젠테이션에서만 사용할 수 있는 것은 아니다. 당신이 요점을 말해야 할 어느 때라도 유용하게 쓸 수 있다. 전화 업무, 인터넷 방송, 이메일, 음성 메일, 혹은 우연히 엘리베이터 안에서 CEO를 만났는데, "그래, 요즘 프로젝트는 잘되어가고 있나?"라고 느닷없이 물었을 때도 사용할 수 있다.

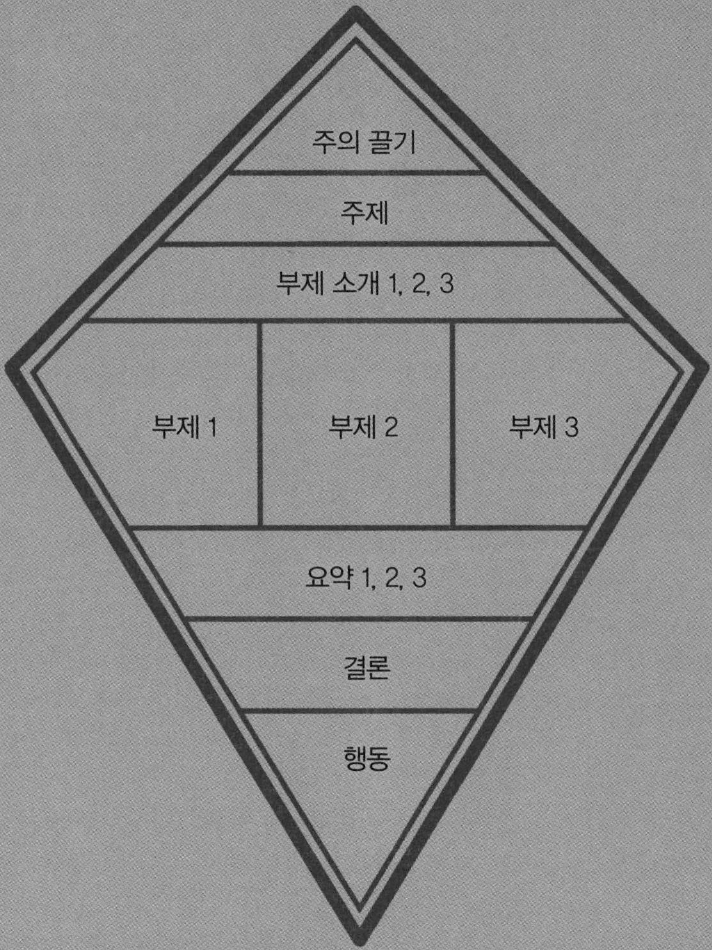

〈 다이아몬드 모델 〉

Good Speech 3

미끼를 던져라

관심을 끌 만한 내용을 넣어라

한 유능한 연설가가 강연을 시작하기 전, 갑자기 카메라를 꺼내더니 청중을 향해 사진을 찍었다. 순간 청중들은 모두 놀라 그를 주목했고 계속해서 호기심에 찬 눈길로 그를 바라보았다. 강연을 시작한 지 10분 정도 지나서, 그는 자신이 최근 특이한 병에 걸렸다며 말을 꺼냈다. 그 병은 단기 기억에 심각한 문제를 일으키는 병이라서 청중들의 사진을 찍은 것이라고 했다. 사진만이 강연한 것을 기억나게 해주는 유일한 수단이었기 때문이다!

마케팅과 광고 분야에서 아이다(AIDA)라는 약어가 흔히 쓰인다. 그것은 주목(Attention), 흥미(Interest), 욕구(Desire), 구매행동(Action)을 가리키는 말이다. 아이다는 설득에 있어서도 매우 유용한 방법이다.

당신이 말하는 궁극적인 목적이 다른 사람을 행동하게 하는 것이라면, 가장 먼저 사람들의 관심을 끌 수 있어야 한다. 사람들에게 이야기할 때도 마찬가지이다. 요점을 말하기 위해 당신이 해야 할 첫 번째 일은 그들의 관심을 끄는 것이다. 신속히 사람들의 관심을 끌지 못하면 그들은 빠르게 당신에게서 멀어질 것이다.

그렇다면 어떻게 사람들의 관심을 사로잡을 수 있을까? 자신에 대한 에피소드, 비유, 놀랄 만한 통계자료 등의 참신한 방법들을 사용한다, 그런 후 그것을 듣는 사람과 관련시킨다. 예를 들어 목표를 정하는 것에 대해 말하고 싶다면, 훌륭한 성과를 낸 인물에 대한 기사를 언급할 수 있을 것이다. 생산성 증가에 관해 말하고 싶다면, 청중에게 엠파이어스테이트 빌딩을 짓는데 얼마의 시간이 걸렸는지 맞춰보라고 질문하는 것도 좋다(13개월). 절제하는 소비 습관에 관해 말하고 싶다면, 1달러짜리 지폐에 불을 붙여 호기심을 자극할 수도 있다(사실 돈을 태우는 것은 불법이고, 자칫 잘못하면 화재경보기가 울릴 수도 있지만, 좋은 아이디어를 얻어내는 데 도움은 될 수 있다).

TV를 볼 때 광고가 어떻게 시청자를 낚아서 광고하는 상품이 사람들의 머리에 꽂히게 하는지 주의 깊게 살펴봐야 한다. 당신은 광고의 프로들이 어떻게 시청자의 관심을 사로잡는지 알게 될 것이다. 당신도 그들처럼 할 수 있다.

청중의 주의를 끄는 것은 단지 이야기의 첫 부분에서만 필요한 것이 아니다. 사람들이 계속 집중해서 듣도록 이야기하는 내내 주의를 끄는 요소를 골고루 배치해야 한다(우리는 종종 이를 '자극요소'라고 부른다).

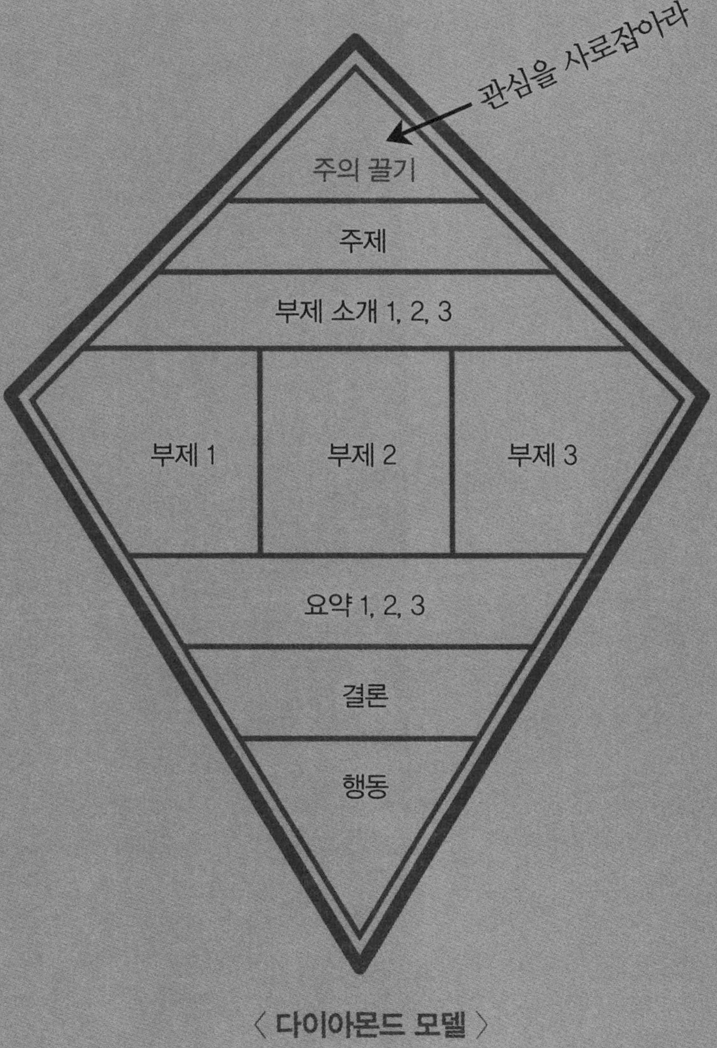

〈 **다이아몬드 모델** 〉

1단계: 관심을 사로잡아라

Good Speech 4

의심의 여지를 남겨서는 안 된다

주제를 분명하게 확립하라

청중이나 시청자의 관심을 사로잡는 것은 매우 중요하다. 하지만 관심을 사로잡은 후에는 어떻게 할 것인가? 어떻게 계속 그들의 관심을 끌면서, 이야기의 목적을 분명히 할 수 있을까? 그것이 바로 주제이며, 사람들이 '여기까지 와서 당신의 이야기를 듣는' 이유이다. 나는 왜 여기 서 있으며 그들은 무엇에 관해 들을 것인가?

우리는 다이아몬드 모델을 통해 주제는 세 가지의 부제 앞에 제시하고, 주제는 부제들을 포괄한다는 것을 알 수 있다. 만약 세 가지 부제가 이것이라고 해보자.

"첫째, 경험은 성공의 결정적 요소입니다. 저희가 바로 경험 많은 전문가입니다. 둘째, 단순히 좋은 상품만 찾지 말고 근본적인 해결책을 찾으세요. 셋째, 낡은 기술은 더 이상 쓸모가 없습니다. 저희는 신기술에 대한 투자를 아끼지 않습니다."

그렇다면 이 세 가지 부제를 포괄하는 주제는 이렇게 할 수 있다.

"오늘 우리는 여러분에게 우리 회사가 갖고 있는 능력에 대해 설명하려고 합니다. 하지만 더 중요한 것은 저희 회사가 충분한 가치와 특별한 가치를 구별하려고 한다는 것입니다. 우리는 우리의 성공을 세 가지의 핵심 철학에 비추어 평가합니다."

이렇게 한 다음 세 가지 부제에 대해 설명해 나가면 된다.

주제 부분에서, 왜 청중의 귀중한 시간을 사용하는지 의심의 여지를 남겨서는 안 된다. 그렇지 않으면 당신은 엉뚱한 장소, 엉뚱한 시간에 와 있게 된다. 하지만 우리는 놀랍게도 똑똑한 사람들조차도 발표할 때 전체 목적(주제)을 밝히지 않고 바로 부제로 들어가는 경우를 종종 볼 수 있었다. 만약 어떤 연구를 하기 위해 누군가에게 10만 달러의 자금을 승인받으려고 한다면, 처음부터 곧바로 주제를 이야기해야 한다. 듣는 사람에게 당신의 주제를 짐작해 보려고 애쓰게 만들면 안 된다.

또한 주제에는 '그것이 내게 무슨 득이 되는가?'에 대한 설명이 포함되어 있어야 한다. 듣는 사람이 어떤 이득을 얻게 될지 분명하고 정확히 말해야 한다. 당신의 말을 듣고, 지시를 따르면, 어떤 이익을 얻게 될 것인가? 만약 당신의 이야기가 그들의 시간을 절약하게 해주고, 그들에게 더 많은 판매를 할 수 있게 해주고, 재고 비용을 더 낮출 수 있게 한다면, 그것을 명료하게 말해야 한다. 이득이 된다는 사실을 어렴풋이 추측하게 만들지 말고 듣는 사람이 분명히 알아들을 수 있도록 말해야 한다.

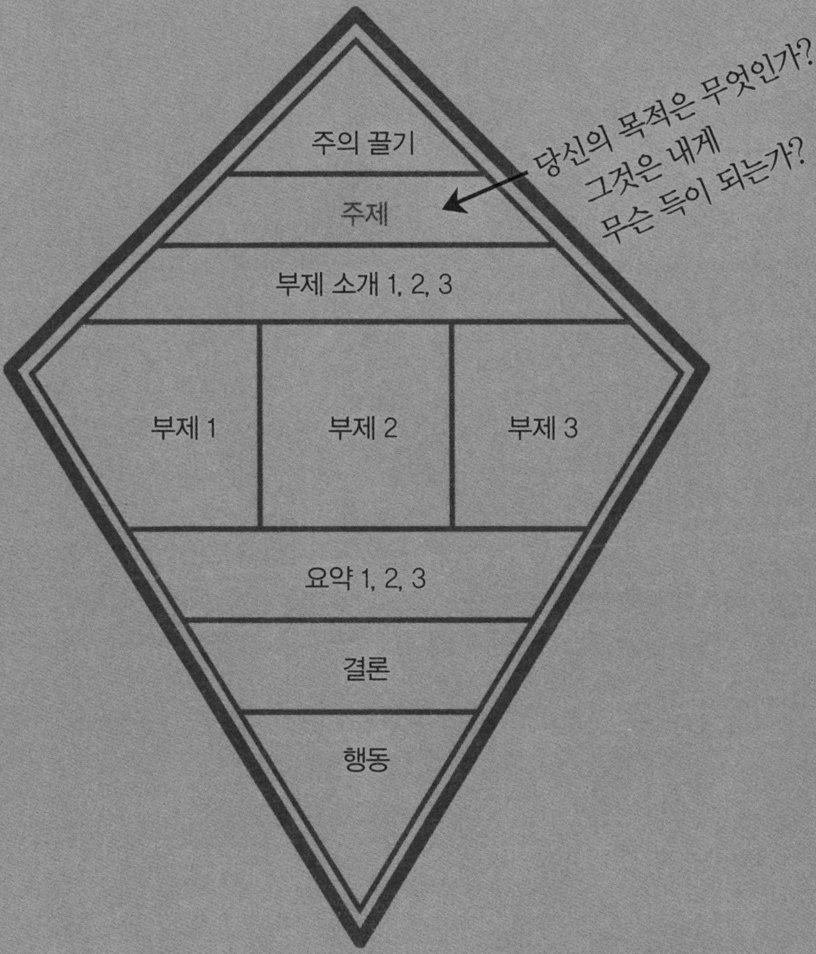

〈 **다이아몬드 모델** 〉

2단계: 주제를 분명하게 정해라

Good Speech 5

3의 마법

세 가지 부제를 준비하는 이유

우리는 3의 세계에 살고 있다고 해도 과언이 아니다. '작은 것, 중간 것, 큰 것', '아침, 점심, 저녁' 그리고 세 가지 시간의 흐름 '과거, 현재, 미래'가 있다. '3의 숫자'는 어디에나 따라다닌다. 4, 5, 6은 거추장스럽고 기억하기도 어려우며, 2는 또 왠지 충분하지가 않다.

마찬가지로 다이아몬드 모델을 사용해서 발표할 때, 세 가지 부제를 중심으로 정보와 내용을 구성해야 한다. 어떤 사람은 자신은 적어도 다섯 개의 중심 생각을 말해야 한다고 우기기도 하고, 또 어떤 사람은 아무리 생각해도 두 가지 이상의 부제를 떠올리기 힘들다고 불평하기도 한다. 하지만 좀 더 깊이 생각해 보면, 누구나 주제를 완전히 포괄하는 세 가지의 부제를 생각해낼 수 있다.

이제 살펴보겠지만, 프레젠테이션에서 부제를 소개하는 부분은 주제 다음에 이어지며, 세 가지 부제가 무엇인지 간단히 언급하는 정도면 충분하다. 여기서 더 깊이 나아갈 필요도 없다.

예를 들어 회사가 가진 능력에 대한 프레젠테이션의 도입 부분이면 이렇게 준비할 수 있다.

첫째, 과학 기술에 대한 확고한 믿음과 투자.

둘째, 조직 내의 풍부한 인적자원.

셋째, 이 분야에서 오래 종사한 경영자. 또는 프레젠테이션이 새로운 교육 프로그램에 관한 것이라면, 이런 식으로 할 수 있다.

첫째, 과거에 이와 같은 프로그램을 사용하여 성공한 사례.

둘째, 이 프로그램의 비용 대비 효과.

셋째, 실제로 프로그램을 적용하여 얻어낸 성공적인 결과들.

이 연속되는 3의 숫자는 매우 실용적이다. 여기 여섯 가지의 물건이 있다고 해보자. 빵, 콩, 맥주, 베이컨, 소시지, 버터. 자, 이제 이것들을 빨리 기억해 보자. 이번에는 단 세 가지 빵, 콩, 맥주를 기억해 보자. 기억하기 훨씬 더 쉽지 않은가?

이제 당신은 신제품을 소개하는 자리에 서 있다. 당신의 세 가지 부제는 이와 같이 말할 수 있다.

첫째, 신제품을 개발한 이유.

둘째, 신제품 개발을 위해 들어간 비용.

셋째, 신제품의 신뢰성.

물론 당신은 제품에 대해 여섯 가지나 일곱 가지 또는 그 이상의 중요한 장점을 더 말하고 싶겠지만 참아야 한다. 그런 부가적인 점을 세 가지 부제 안에 넣을 수 있도록 방법을 찾아야 한다.

우리는 워크숍에서 '3의 마법'을 활용하는 연습으로써 참가자들에게 비즈니스와 관련이 없는 대화 구조를 만들어 보라고 지시한다. 이 연습은 '즉석 달인'의 방법이라고 한다. 우리가 자주 활용하는 주제는 (1) 새를 불러오는 경기 준비. (2) 닭고기 수프 만들기이다.

먼저 '새를 불러오는 경기를 하기 위한 준비'에 대한 세 가지 부제로는 '첫째, 새를 관찰해야 한다. 둘째, 새를 불러라. 셋째, 새처럼 되어라'가 될 것이다(이를 실제로 표현하기 위해 한 청중이 입에 과자를 반쯤 물고, 새 쪽으로 다가가 엄마 새가 새끼한테 먹이를 주듯이 과자를 새에게 먹이는 행동을 보여준다. 이것이 '새가 되는' 방법이다).

다음, 프레젠테이션이 '닭고기 스프 만들기'라면, 부제를 이렇게 정하는 것은 어떤가? '첫째, 닭고기 스프에 들어갈 재료 준비. 둘째, 신선하고 좋은 닭 고르기. 셋째, 스프를 맛있게 조리하는 방법'으로 정할 수 있다.

이처럼 항상 '3'으로 생각하고 준비해서 발표해야 한다. 이는 한 번에 머리에 딱 들어오고, 다른 사람들이 생각하는 방식과도 일치하며,

내용을 구성하기도 쉽다(이야기하고 보니, 이것도 세 가지이다).

그리고 기억해야 할 것이 있다. 부제 소개에서든, 본론에서든, 요약에서든, 그 안의 세 가지 부제를 말할 때는 "하나, 둘, 셋" 또는 "첫째, 둘째, 셋째"를 매번 붙여주어야 한다는 점이다. 그렇게 하지 않으면 청중은 헷갈린다(우리는 이미 여러 번 경험했다).

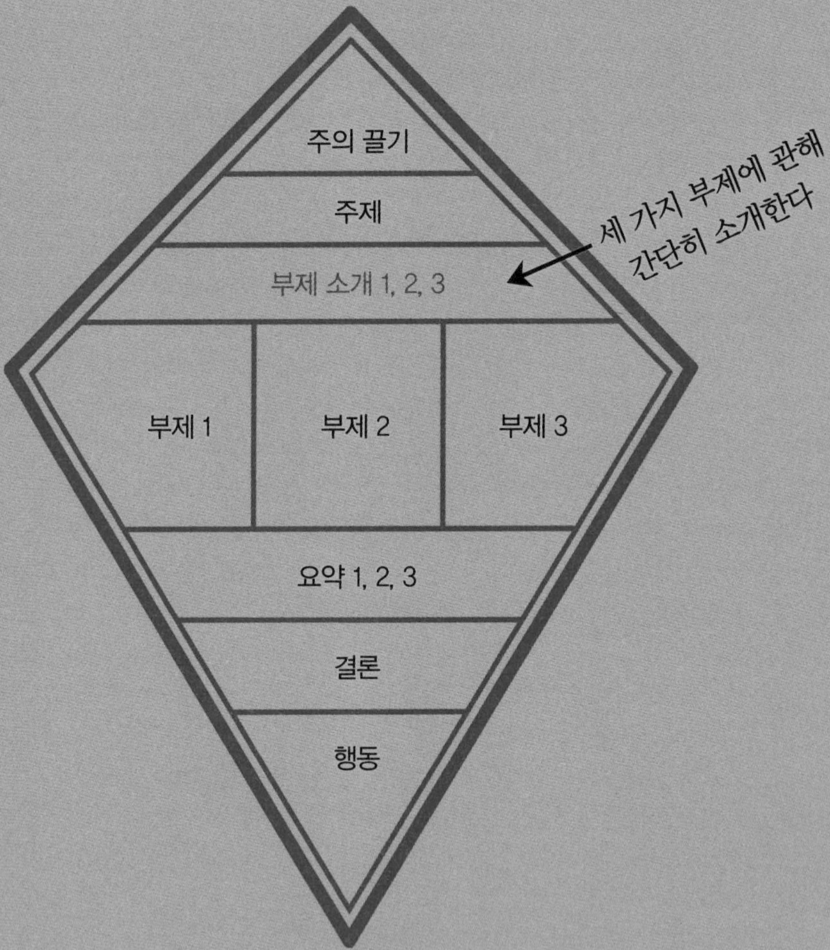

〈 다이아몬드 모델 〉

3단계: 당신의 세 가지 부제를 간단히 소개하라

Good Speech 6

뇌리에 착 달라붙게 하라

세 가지 부제를 기억에 남는 것으로 만들어라

당신은 명확하게 전달할 수 있게 해주는 세 가지의 부제를 결정했다. 그다음에는 어떻게 하면 청중들이 기억할 수 있게 할지를 고민해야 한다. 그렇지 않으면, 그날의 수많은 메시지의 홍수 속에서 당신의 메시지를 금방 잊히게 될 것이다. 그나마 다행인 것은 대부분의 사람들은 지루해지면 샛길로 빠지다가도, 곧 다시 제자리로 돌아온다는 점이다. 따라서 청중들이 다시 잘 듣도록 할 수 있고 이는 별로 어려운 일도 아니다.

기발한 요소를 이야기 곳곳에 삽입하고, 평범한 주제라도 독특한 방법으로 설명한다면 청중들의 흥미를 끌 수 있다. 예를 들면 새로 고

안한 기계에 대해 설명한다고 하자. 그렇다면 누구나 떠올릴 수 있는 평범한 부제가 있다. ❶ 장점 ❷ 단점 ❸ 해결 과제.

이것도 나쁘지는 않지만, 조금만 재미있게 바꾸면, ❶ 끌리는 점 ❷ 끌리지 않는 점 ❸ 귀찮은 점으로 바꿀 수도 있다. 청중은 처음의 평범한 부제보다는 '끌리는 점, 끌리지 않는 점, 귀찮은 점'을 금방 기억할 것이다. 그리고 자연스럽게 청중들은 당신을 기억할 것이다.

Good Speech 7

명백한 요청

당신의 주장에 근거를 대고 증명하라

"이 제품은 정말 훌륭합니다."

"정말 그런가요? 왜죠?"

"우리 팀은 조직 내에서 최상입니다."

"알겠어요. 그러면 증명해 보세요."

"이번 분기에 우리는 목표를 달성하지 못할 것 같습니다."

"왜 그런데요?"

요점을 밝히려면, 부제의 모든 주장에 대해 적절한 근거를 대고 증명해야 한다. 그래서 근거를 대기 위한 효과적인 방법으로 통계 수치, 에피소드, 이야기, 사례, 제3자의 의견 또는 개인의 경험담 중에서 한

두 가지를 사용하는 것이다.

당신의 프레젠테이션은 길이와 성격을 떠나 주장으로 이루어져야 한다. 주장은 자신의 말을 전달할 때 생명줄과도 같다.

"제가 그 일을 할 수 있습니다.", "이 프로그램은 정말 획기적입니다.", "우리는 수익을 증대시킬 것입니다.", "우리는 이 분야에 대해 잘 알고 있습니다." 등등. 하지만 당신의 주장을 뒷받침해 줄 증거가 없다면, 듣는 사람은 왜 그런 공허한 주장을 믿어야 할까?

프레젠테이션의 본론에서 주장을 펼칠 때 '증거의 포인트'를 만들어, 그 주장을 정당화해 줄 증거를 제시해야 한다. 이것이 부제의 내용을 구성하는 방법이다.

먼저, 사례를 이용해서 증거를 제시해 보자. 단지 이 분야에 경험이 많다고만 말하지 말고 뒷받침되는 증거를 제시하는 것이다. 지금까지의 구체적인 경험담과 당신이 운용한 프로그램들에 대해 언급해야 한다. 통계 수치를 사용하는 것도 좋다.

"저희는 이 분야에서 상당히 높은 위치에 와 있습니다."라고 말하기보다는 증거의 포인트로 숫자를 사용하여 "저희는 62퍼센트의 시장 점유율을 갖고 있습니다."라고 말하자. 하지만 때로는 수치가 너무 커서 청중이 이해하기 어려울 수도 있고, 오해의 소지도 있기 때문에 분별력 있게 사용해야 한다. 그리고 어떤 사람들은 무턱대고 몇십억 달러가 이렇다 저렇다 하며 이야기하는데 적절하게 숫자를 활용하길 바란다. 적절치 않게 너무 큰 수치를 사용해서 말하는 것은 청중에게 아무런 의미가 없다.

비유 또한 증거의 핵심이 될 수 있다. 우리의 고객이기도 했던 맥주 양조업자가 많은 양의 맥주를 국영 양조업체들에게 생산하도록 해 큰 비난을 받은 적이 있었다. 그는 쏟아지는 비난에 대해 다음과 같은 말로 일축했다.

"훌륭한 요리사인 줄리아가 자신의 재료와 요리법을 사용했지만, 당신의 주방에서 음식을 만들었다고 그것이 줄리아의 요리가 아니라고 말할 수 있을까요?"

좋은 비유다.

이야기를 사용하는 것은 어떤가? 재미있고, 때로는 우스운 에피소드가 이야기 소재가 된다. 스토리텔링 방식으로 이야기를 풀어내는데, 커다란 이야기 안에 작은 일화를 많이 포함시킬수록, 당신의 이야기는 더 설득력 있고, 그럴싸해진다.

제3자의 의견은 또 다른 증거의 포인트가 될 수 있다. 이는 다른 사람에게 이야기하도록 하는 것으로, 고객이라도 좋고, 분야의 전문가나 공신력 있는 인물의 말을 인용하는 것도 좋다. 때로는 언론 매체의 보도도 효과적이다.

마지막으로 자신의 경험이 있다. 대부분의 사람들은 사람들 앞에서 자신에 대해 좋게 얘기하는 것을 꺼리는데, 직접적으로 말하는 것보다 더 강력한 방법은 없다.

"여러분, 저는 30년 동안 이 분야에서 일했습니다. 지금까지 4번의 비즈니스 주기가 바뀌고 생산구조가 전체적으로 변화하는 것을 지켜봤지만, 저희 회사는 매년 평균 25퍼센트나 성장하고 있습니다."

'주장의 달인'이 되어야 한다. 그리고 당신의 주장은 항상 뒷받침되는 증거들로 이루어져야 한다.

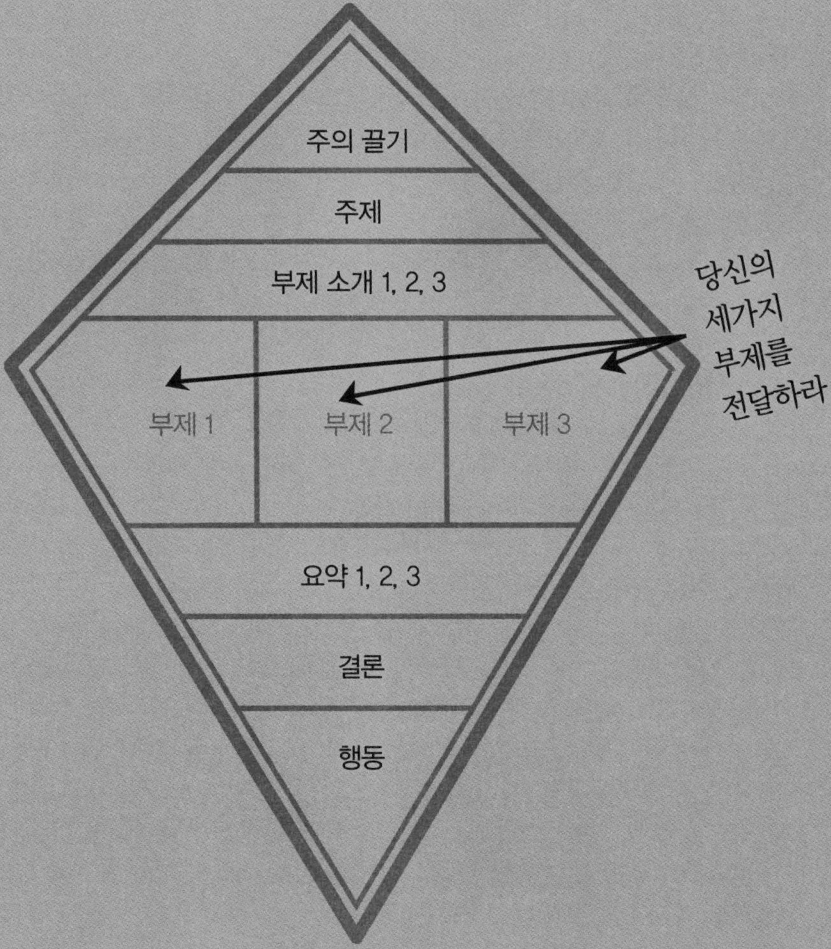

〈 다이아몬드 모델 〉

4단계: 당신의 세 가지 부제를 전달하라

Good Speech 8

요약하라

당신이 말한 것을 다시 알려줘라

당신은 다이아몬드 모델을 이용하여 훌륭한 프레젠테이션을 실시했다. 당신은 청중들의 이목을 집중시켜 효과적으로 주제를 설명했고, 세 가지의 부제에 대해 간략히 설명하면서 호기심을 불러일으켰다. 그 후, 세 가지의 부제를 완벽히 뒷받침되는 증거들을 제시하며 설명했다. 만족스러운가? 그래도 당신이 썩 만족스럽지 않다면 당신은 마지막에 각 세 가지 부제를 효과적으로 요약해 주어야 한다.

당신이 회사의 능력에 대하여 발표하고 있다고 가정해 보자. 청중에게 당신이 말하고자 하는 세 가지의 요점을 기억하게 하려면, 다음과 같이 요점을 요약해 주어야 한다.

"이제 요약해 보도록 하겠습니다. 첫째로 저희 회사는 기술을 중시하여 투자를 집중하고 있습니다. 연 수익의 21%를 IT 개발비로 사용하고 있습니다. 두 번째로 저희 회사 사람들은 깊은 지식과 많은 경험을 갖고 있습니다. 저희 회사의 직원들은 이 분야에서 평균 14년의 경력을 갖고 있습니다. 그리고 마지막으로 저희 회사는 큰 시장을 확보하고 있습니다. 즉 시장 전체의 32%를 점유하고 있습니다."

우리의 요점은 이것이다. 당신은 마지막에 세 가지의 각 부제를 청중에게 상기시키고, 각 부제의 요점을 강조해야 한다. 그렇게 하면 청중은 당신이 무슨 말을 하는지 확실히 알게 될 것이다.

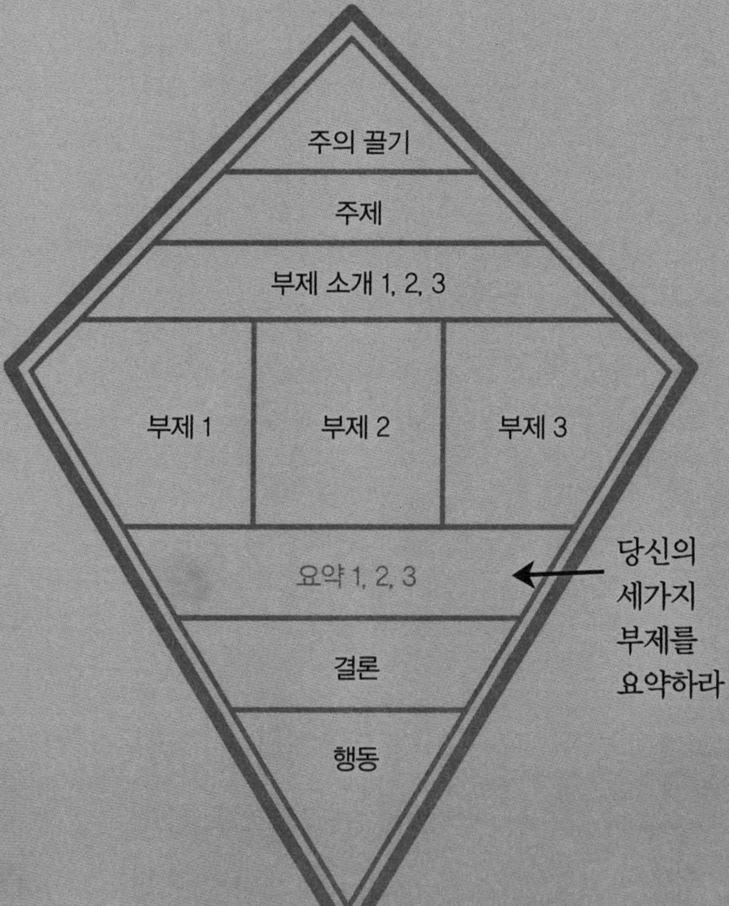

〈 다이아몬드 모델 〉

5단계: 당신의 세 가지 부제를 요약하라

Good Speech 9

결론

당신의 주장을 밝혀라

다이아몬드 모델의 모든 부분이 다 중요하지만, 특히 결론은 더욱 중요하다. 결론은 당신이 말하고자 하는 핵심을 청중이 기억할 수 있게 하는 역할을 하기 때문이다. 다시 말해 청중이 기억할 한 가지는 바로 당신의 결론인 셈이다. 결론은 당신이 말한 모든 것을 하나로 모아주는 핵심이기도 하다. 따라서 간단하게 만들어야 한다. 5분 동안 설명해야 하는 결론이라면, 그건 결론이라고 할 수 없다. 한 문장으로 압축할 수 있어야 한다. 여기 세 가지의 좋은 결론이 있다.

"저희 회사에서는 고객 만족도 평가에서 가장 좋은 평가를 받는 사람을 유능한 직원으로 봅니다."

"저희 회사는 30년 동안 인사관리를 철저히 한 결과 이직률이 가장 낮은 회사가 되었습니다."

"코끼리가 음식을 안 먹으려는 이유는 원숭이들이 흉내를 내기 때문입니다."

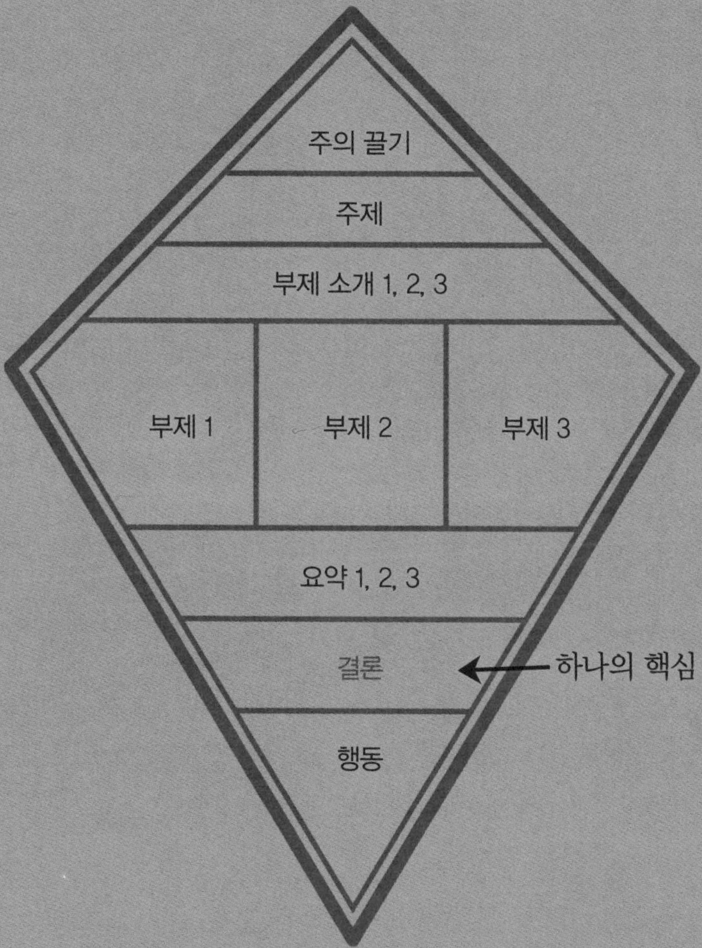

〈 다이아몬드 모델 〉

6단계: 하나의 핵심을 말하라

Good Speech 10

그들을 움직여라

당신은 그들이 무엇을 하기를 원하는가

한 판매부의 부사장이 직원들에게 이렇게 말한다.

"현재 우리는 지나치게 많은 지출을 하고 있어요."

하지만 그렇게 말하지 않고 "이제 여러분은 매달 소요경비를 20퍼센트 줄여야 해요."라고 구체적으로 말하면 상황은 달라진다.

한 매장의 점장이 직원들에게 "우리 매장의 고객 만족도가 떨어지고 있습니다." 대신에 "여러분, 손님이 오실 때, 그들의 눈을 마주치면서 미소를 지으며 '좋은 하루 되세요.'라고 말해 주세요."라고 얘기하면 상황은 달라진다.

아버지가 자녀에게 "방이 돼지우리같이 그게 뭐니?"라고 하기보다

"어서 널브러져 있는 속옷을 정리하고, 5분 내에 침대를 정리해 놔라." 라고 하면 상황은 달라진다(어쩌면, 아이가 말을 안 들을지 몰라도, 적어도 아버지가 하는 얘기는 분명히 전달되지 않았는가?).

다이아몬드 모델의 마지막 단계는 행동(마음을 움직이게 하는) 단계이다. 여기서 당신은 청중에게 정확히 무엇을 해야 하는지를 말해야 한다. 다른 사람에게 이야기할 때 흔히 저지르는 실수는 듣는 사람을 망설이도록 내버려두는 것이다. 즉 말하는 사람이 듣는 사람에게 이야기를 듣고 난 후 무엇을 해야 할지 구체적으로 말해 주지 않는 것이다.

유감스럽게도, 결론을 말하고 난 후, 그들은 청중들이 무엇을 해야 할지 스스로 깨달았을 것이라고 착각한다. 청중에게 해야 할 일을 명확히 말해주지 않으면, 그들은 행동으로 옮기지 않거나, 엉뚱한 일을 할 수도 있다. 우리 고객 중의 한 명이 이런 말을 한 적이 있다.

"프레젠테이션의 마지막에서, 당신도 청중도 무엇을 해야 할지 의무감을 느끼지 않으면, 프레젠테이션의 목적은 무엇인가요?"

그래서 우리는 당신에게 '그렇다면 뭘 해야 하지?'라는 테스트를 하라고 제안한다. 듣는 사람의 입장이 되어 생각해 보고 물어 보는 것이다.

'그래서 저 사람이 지금 나더러 뭘 하라는 거지?'

이렇게 생각하면 청중에게 하라고 요구하는 것이 무엇인지 더 잘 깨닫게 된다. 당신이 확실히 알았다고 해서, 듣는 사람도 확실히 알았을 것이라고 착각하지 마라.

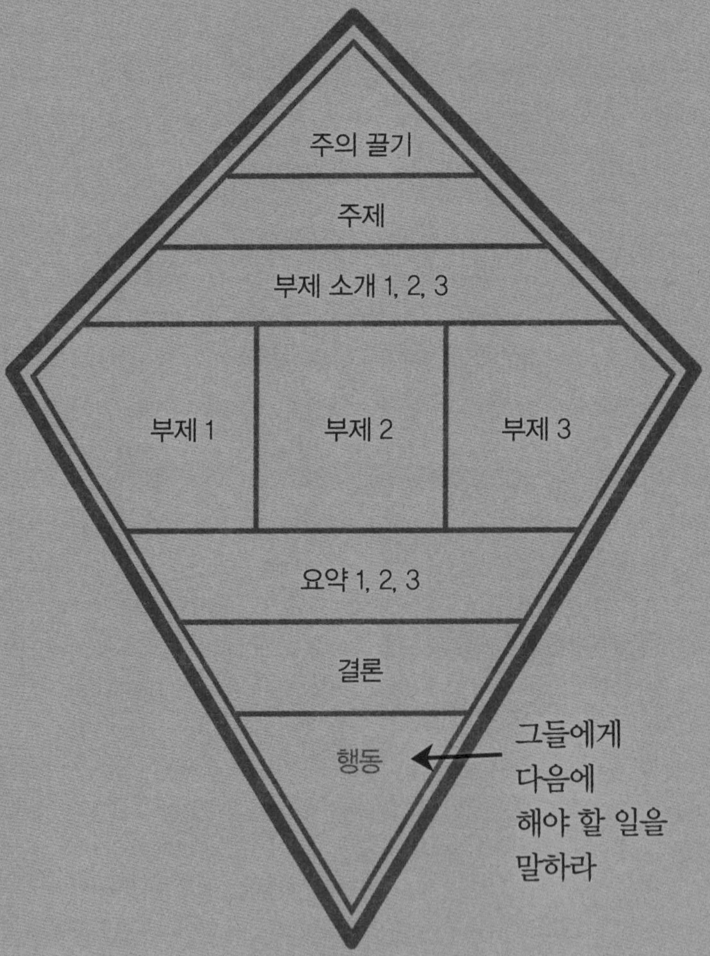

〈 다이아몬드 모델 〉

7단계: 그들에게 다음에 해야 할 일을 말하라

Good Speech 11

다이아몬드 모델은 빛난다

예제 프레젠테이션

다이아몬드 모델은 당신과 청중 모두에게 실용적이다. 당신은 프레젠테이션을 하는 동안 자신이 어디쯤에 와 있고, 청중 또한 자신들이 어디쯤 와 있는지 분명히 알게 된다. 가장 어려운 일은 세 가지의 중심적인 생각과 부제를 만드는 일이다. 왜냐하면 말하려는 것을 모두 포괄하면서도 청중이 기억하기 쉽고, 이해하기도 쉬워야 하기 때문이다.

우리 고객 중의 한 명이 실제로 다이아몬드 모델을 사용하여 만든 프레젠테이션이 있다. 그의 주제는 자신의 취미인 와인 수집이었다. 그는 먼저 가벼운 이야기(주의 끌기)로 시작했다. 그는 결혼 20주년 기념일이 다가오는 것을 잊어버리고 있다가 바로 전날 기념일을 떠올렸다. 부랴부랴 출장 요리사를 부르고, 가장 좋은 화이트 와인과 레드 와인을 꺼내 와 부인과 함께 '20년 만에 가장 멋진 로맨틱한 저녁식사'를 가졌다고 한다.

그런 다음, 그는 중심 화제로 이야기를 이끌어갔다.

"오늘 제가 여러분에게 이야기할 주제는 저의 20년째 취미로 하고 있는 와인 수집입니다."

그리고 세 가지 부제를 소개했다.

첫 번째, 좋은 와인의 생산지와 구매 시에 좋은 와인을 고르는 법.

두 번째, 레스토랑에서 질 좋고 식사에 맞는 와인을 선택하는 법.

세 번째, 다른 식품과 혼동하지 않고 와인을 잘 보관하는 법이었다.

그는 세 가지 부제를 적절히 골라내고 자신의 주장에 증거를 제시했다.

첫 번째 부제에는, 세계 전역의 포도 농장, 양조장, 최상의 와인을 이야기했으며, 두 번째 부제에는, 와인 목록에 대한 설명과 더불어 식사예약 시 지배인에게 어떤 와인을 주문해야 하는지 부탁하는 방법. 세 번째 부제에는, 포도주 저장실에 대한 기본적인 지식과 집에서 와인을 보관하는 요령이었다(각각의 부제가 청중들에게 어떤 이익을 줄지 확실해 보이지 않는가?).

요약 부분에서, 그는 첫째로 좋은 와인을 구매하는 가장 좋은 방법, 두 번째로 좋은 와인을 보유한 레스토랑 목록, 세 번째로 와인 보관의 몇 가지 요령들로 정리했다. 그는 청중에게 전체 내용을 확실히 강조해 주었다.

결론(종종 중심적인 내용을 강조하게 된다)에서, 그는 와인 수집은 세계를 돌아 볼 수 있고, 그 맛과 향을 음미해 볼 수 있고, 또 서로 와인을 교환함으로서 돈도 벌 수 있는 훌륭한 취미라고 정리했다.

그렇다면 그가 청중의 마음을 움직이고 행동하게 하려는 것은 무엇인가? 그는 청중에게 '와인기행'이라는 잡지를 구독해 보도록 제안했고 자신의 단골 와인 가게도 추천했다.

당신은 언젠가 화상회의에서 발표하거나 새로운 사업계획을 발표해야 할 때가 있을 것이다. 또는 사람들 앞에서 설명해야 할 때 이 다이아몬드 모델을 적극 활용해야 한다. 당신을 성공으로 이끌어줄 것이다.

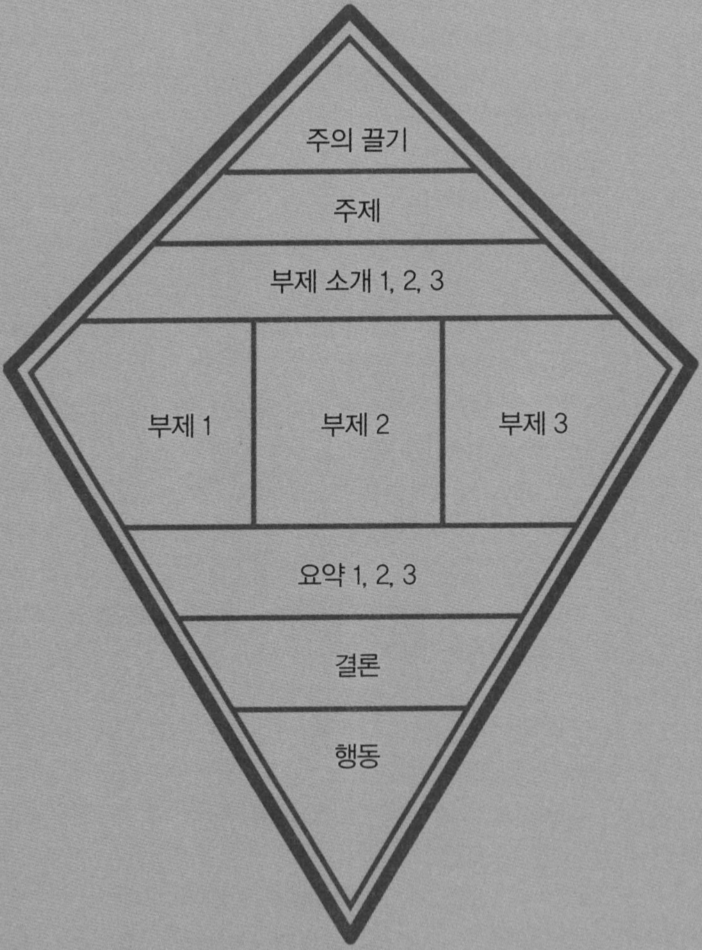

〈 다이아몬드 모델 〉

당신의 프레젠테이션을 빛나게 한다

Good Speech 12

15초간의 홍보

당신이 전하고자 하는 메시지의 핵심

소파에 앉아 TV를 볼 때 뉴스를 시작하기 10분 전에는 주의를 확 끄는 빠른 광고들이 나온다는 사실에 주목해 본 적이 있는가? 일상적인 일이다. 방송은 30분짜리 뉴스를 '시선을 끄는' 15초짜리 짧은 광고 사이에 짜임새 있게 넣는다. 뉴스뿐 만아니라 시트콤, 토크쇼, 드라마, 리얼리티 쇼가 시작할 때도 마찬가지이다. 이렇게 시청자에게 능수능란하게 광고를 보여준다.

일반 광고도 이와 비슷하다. 잘 짜인 광고는 근본적인 커뮤니케이션의 수단이 된다. 광고주는 당신을 설득해야 되는데 그럴 만한 충분한 시간이 없다. 매우 어려운 과제다!

여기, 그 과정이 어떻게 이루어지는지 살펴보자.

회사는 광고주를 고용하고, 광고주는 몇 달에 걸쳐 상품과 소비자를 연구한다. 그들은 양적으로, 질적으로 엄청난 분량의 조사를 한다(만만한 일이 아니다). 조사를 마친 후에는, 자료를 바탕으로, 한 페이지 정도의 창의적인 전략을 세운다. 전략에는 누가 주소비층이 되며, 중요한 메시지를 무엇으로 할지 중점적으로 다룬다. 다음에는 샘플 광고를 제작하고 최종 TV 광고나 인쇄광고를 선택하기 전에 평가를 한다.

여러 달의 연구와 수많은 자료들, 그리고 회사의 전략팀이 합쳐져 드디어 15초나 30초의 광고가 완성된다!

당신이 요점을 말할 때도, 위와 같이 광고 제작팀이 밟는 과정을 거쳐야 한다. 즉 당신이 전하려는 메시지를 하나의 핵심으로 요약할 수 있어야 한다.

이렇게 할 수 있다면 당신이 전달하려는 내용은 더욱 명확해질 것이다.

우리는 고객을 지도할 때, 그들에게 심술궂은 테스트를 시키고는 한다. 말하고자 하는 전체의 메시지를 TV 광고처럼 15초 이내에 말해보도록 하는 것이다. 그들은 짧은 시간 안에 두 가지를 간결하게 말해야 한다.

첫 번째, 핵심은 무엇인가?

두 번째, 왜 듣는 사람이 관심을 가져야 하는가?

효과적인 15초 광고를 잘 만들면, 우리는 그들이 메시지를 잘 요약했다고 판단한다.

어느 날, 우리는 한 고객을 맡았는데 그는 세계 각지에서 온 천여 명의 사람들 앞에서 발표할 프레젠테이션을 준비하고 있었다. 우리가 그를 만났을 때 그는 막 프레젠테이션에 대한 준비를 마치고, 약 35장의 숨 막힐 정도로 빽빽한 슬라이드를 완성했다. 우리는 그에게 자료를 좀 보여 달라고 요청했다. 우리는 5분 정도 천천히 들여다보고 나서(사실 그가 내민 모든 자료를 보고 나니 우리의 머리는 터질 것 같았다.) 그에게 잠시 설명을 멈추라고 하고 물었다.

"당신이 프레젠테이션을 끝냈을 때 청중이 기억해야 할 한 가지는 뭐죠?"

그가 뭐라고 했는지 알겠는가? 그는 "저도 잘 모르겠는데요."라고 대답했다. 정말이다. 그는 자신의 프레젠테이션을 위해 모든 준비를 철저하게 했지만, 정작 자신이 말하고자 하는 요점이 무엇인지 몰랐던 것이다.

유명한 브로드웨이의 연극 제작자인 데이비드 마멧에 관한 재미있는 일화도 있다. 그는 극작가들이 자신의 작품을 제작해 달라고 요청할 때마다 그들에게 명함을 내밀고 명함 뒷면에 작품에 관한 내용을 써달라고 요구했다. 이유는 무엇일까? 마멧은 극작가가 자신의 이야기를 몇 마디로 설명할 수 있다면, 분명한 생각을 갖고 있기 때문에,

제작에 관해 진지하게 논의할 의향이 있었다.

여기 이 책에 대한 15초 분량으로 요약한 홍보 문구를 제시한다.

본서 '스피치는 3분으로 결정된다'의 이 책은 당신에게 시간과 장소를 가리지 않고 명료하고 간결하게 말하는 방법을 가르쳐준다. 이 책의 저자가 말하는 대로 한다면, 당신의 말은 더 설득력이 있고, 사람들은 당신을 더욱 존중하며, 당신은 직장 내에서 더 빠르게 성공할 것이다.

Good Speech 13

자료만 쏟아 내지 마라

사실과 수치의 나열을 줄여라

'산더미 같은 자료들, 그래도 괜찮아.'

우리는 사람들 앞에서 발표할 때 흔히 이런 실수를 저지른다. 아마도 우리들 중 일부는 알면서도 자주 이런 실수를 저지를 것이다(당신이 이런 유형인지 아닌지는 스스로가 더 잘 알 것이다).

가장 흔한 예로는 숫자로 빽빽하게 채워진 파워포인트 슬라이드라든지, 딱딱한 사무실에서나 쓸 법한 전문용어, '매트릭스' 관련 용어들을 쓴다. 하지만 이런 '자료 폭탄'은 심지어 일 대 일 대화에서도 등장한다. 과다한 정보는 듣는 사람을 지루하게 만들고 혼란스럽게 하며, 내용에 있어서도 불필요하고 때로는 전혀 쓸모가 없다. 그런데 사람들은 왜 굳이 그렇게 하는 것일까?

첫 번째로, 청중에게 숫자를 쏟아 내는 편이 청중을 똑바로 보고 그들과 서로 소통하는 것보다는 마음이 편하기 때문이다. 사람들은 많은 숫자 뒤에 숨어 있을 때 안도감을 느낀다.

두 번째로, 그것은 일종의 연막작전이다. 많은 자료를 보여주면 청중은 요점을 제시하지 못한다는 사실을 모를 것이라고 착각하기 때문이다.

마지막으로, 숫자를 많이 제시하는 것은 발표자를 똑똑하게 보이게 한다고 생각한다. 왜냐하면 발표는 '자료=정보=똑똑함'이라고 잘못 생각하기 때문이다.

저자가 몇 년 전 직접 겪었던 '자료 폭탄' 사건이 있다.

"당시 저는 어두침침하고 답답한 회의실에 있었어요. 프레젠테이션이 시작되고 죽음의 세 시간짜리 개요 중에 두 시간쯤 접어들 무렵, 많은 사람들이 지루해서 죽으려고 하더군요. 발표자는 아랑곳하지 않고 프레젠테이션을 계속 질질 끌고 갔는데, 내 옆에 앉은 어떤 사람이 갑자기 꽥 소리를 지르며, 회의실 탁자 위로 펄쩍 뛰는 거예요. 갑작스런 비명에 졸고 있던 많은 사람들이 잠에서 깼고 회의는 잠시 어수선해졌습니다. 잠시 후, 다시 모든 것이 정리되자 발표자는 또 묵묵히 프레젠테이션을 이어가더군요. 회의가 끝난 후, 저는 궁금해서 그 소리

쳤던 사람을 뒤쫓아 갔고, 왜 갑자기 소리를 질렀냐고 물어봤죠. 그 사람은 겸연쩍은 듯, 살짝 저에게 말해 주더군요. 프레젠테이션 중간에 하도 지루해서 이리저리 둘러보다가 머리 위에 프로젝터 안에 돌아가는 팬을 발견하게 된 겁니다. 돌아가는 프로펠러를 넋 놓고 바라보다가 연필을 꺼내 그곳에 '넣다 뺐다, 넣다 뺐다' 하며 장난을 치는데, 순간 안으로 너무 깊이 찌르는 바람에 연필이 팬에 빨려들어 간 거죠. 너무 놀라서, 꽥 소리를 지른 거구요."

여기서 요점은 무엇인가? 프로젝터에 달린 팬이 프레젠테이션보다 더 재미있다면, 그 프레젠테이션은 다시 고려되어야 한다. 숫자를 줄이고, 청중과 교류해야 한다. 그들에게 자료만 달랑 주지 말고 모든 자료가 듣는 사람들과 그들의 업무에 어떤 의미가 있는지 말해야 한다. 당신이 말하는 것의 중요성을 깨닫게 해야 한다.

3장

전달

GOOD SPEECH

Good Speech 1

상호주의 법칙

인생은 부메랑이다

중력의 법칙은 우리에게 친숙하다. 항상 우리 주변에 존재하며, 강력하고, 보이지는 않지만, 우리가 하는 모든 일에 영향을 준다. 하지만 우리는 그것에 대해 별 생각을 하지 않고 살아간다.

여기 우리가 깊이 생각하지 못하는 또 다른 법칙이 있다. 그것은 어떤 면에서 중력의 법칙에 상응하는 인간의 법칙이다. 또한 우리 주변에 존재하며, 강력하고, 중력과 마찬가지로 눈에 보이지는 않지만 우리 모두에게 깊은 영향을 끼친다. 우리는 그것을 '상호주의 법칙'이라 부른다. 이것은 반드시 당신이 더 설득력 있는 사람이 될 수 있도록 도와 줄 것이다.

'상호주의 법칙'은 매우 쉽다. 기본적으로, 사람들은 우리가 대하는 똑같은 방식으로 우리를 대한다. 즉 인간의 감정과 행동은 전염된다. 사람들은 무의식적으로 자신들이 대우받는 방식에 따라(혹은 자신이 어떻게 대우받는지 느끼는 대로) 반응한다. 자신이 존중받는다고 생각하기 때문에 다른 사람도 존중한다. 만약 자신이 무시당한다고 생각했다면, 당신 또한 다른 사람을 쉽게 무시했을 것이다. '상호주의'는 몇백만 년에 걸쳐 인간 내면에 형성되고 존재하며, 인간의 본능적인 특성이다. 난폭운전이 '상호주의'의 부정적인 단면을 보여 주는 예라고 한다면, 서로 함께 선물을 나누는 것은 '상호주의'의 긍정적인 면이다.

그런데 '상호주의'가 멋진 스피치와 무슨 상관이 있는가? 단순하다. 멋진 스피치를 구사하는 데는 당신이 말하는 내용뿐만 아니라, 말하는 방식도 많은 관련이 있다.

당신이 '상호주의 법칙'을 적용하면, 그것은 당신이 다른 사람과 소통하는 방식에 보이지는 않지만 커다란 영향을 준다. 비언어적 신호, 예를 들면 미소, 눈 맞춤, 서 있는 자세, 그리고 겉보기에 아무것도 아닌 작은 몸짓이나 표정조차도 당신의 설득력에 놀라운 영향을 미친다.

당신이 열정을 갖고 이야기하면, 듣는 사람들은 집중하고, 당신이 그들을 똑바로 보고 이야기하면, 그들도 당신을 바라본다. 당신이 어떤 말을 강조하면, 그것은 당신이 하는 말을 당신도 전적으로 믿고 있다는 느낌을 준다. 따라서 어떤 대화를 하든지 목소리의 톤을 적절히 조정할 수 있어야 한다.

최근에 우리 중 한 명이 보험 관련 문제로 건강검진을 받으러 가야 했다. 진찰을 받기 위해, 의사에게 미리 예약 전화를 걸었다. 그런데 담당의사는 상당히 퉁명스럽고 무뚝뚝했다. 그의 목소리는 기운이 없었고, 유쾌한 톤이나 유머 역시 찾아볼 수 없었다. 그를 직접 만나 보니 역시 마찬가지였다. 그는 인사도 하는 둥 마는 둥이었고, 물먹은 스펀지처럼 축 처져 보였다. 검진 도중, 의사에게 말을 붙여봐야겠다고 마음먹고는 그에게 지금 하는 일이 어떠냐고 물었다. 의사는 이렇게 대답했다.

"일은 괜찮아요. 무례하고 짜증나게 하는 환자들을 만난다는 것만 빼고는요."

물론 그럴 것이다. 왜냐하면 당신 자신이 그 모든 무례함과 짜증을 나게 하는 행동의 근원이니까.

주위를 둘러보면, 이제 사방에 깔린 '상호주의의 법칙'이 보일 것이다. 당신은 그것을 당신 쪽으로 끌어당길 것인가? 아니면 반대 방향으로 밀어낼 것인가?

Good Speech 2

인식의 문제

유능함과 친근함이 최고다

당신은 파티에 와 있다. 한 친구가 당신을 불러 어떤 사람을 소개해 주려고 한다. 당신은 그 사람과 이야기를 시작한다. 당신이 그 사람을 판단하고 그 사람이 호감형인지 아니면 비호감형인지 알아내는 데 얼마의 시간이 걸릴까? 15분? 10분? 5분?

몇 년 전 실행한 한 연구에 따르면, 취업 면접에서 그 사람을 고용할지 여부는 80%가 면접 시작 3분 안에 결정된다고 한다.

그 사실이 놀라운가? 아마도 그렇지 않을 것이다. 우리는 우리 고객들에게 그 통계에 관해 말해 주었는데, 절대 다수가 그 결과에 동의했다(그러나 고객 중 한 소규모 기술업체 사장만이 동의하지 않았다. 그는 대부분의 결정을 2분 안에 내린다고 했다). 그러면 다음의 의문이 생긴다. '우리가 취업 면접을 볼 때 또는 모르는 사람을 만났을 때, 얼마나 많은 내용을 물어보고, 그들에 대해 알게 될 것인가?' 사실, 그렇게 많지 않다. 보통은 다음 순서대로 이어진다. 면접 시작 처음 몇 분은 악수를 하고, 마실 것을 권하고 가져온 다음, 소소한 대화를 시작한다. 그러나 이미 면접관은 그를 고용할지, 안 할지에 대한 판단을 내린 상태다.

그렇다면 이것이 암시하는 바는 무엇인가? 왜 인간은 많은 경우 다른 사람에 대한 판단을 첫인상에 의지하는 것일까? 이 점을 이해하려면 우리는 뇌의 기능(생리학)에 대해 알 필요가 있다.

인간의 두뇌는 기본적으로 두 부분으로 이뤄져 있으며, 바깥쪽 뇌와 안쪽 뇌로 구분된다. 바깥쪽은 보통 대뇌피질이라고 알려져 있으며, 우리의 모든 의식과 높은 수준의 사고를 담당한다. 또한 언어능력, 창의력, 분석력을 관장하는 곳이다. 반면, 안쪽 뇌(대뇌의 변연계와 뇌간)에서는 잠재의식을 비롯하여 본능적인 반사작용과 다른 사람에 대한 '직감'을 담당한다. 우리의 안쪽 뇌는 다른 사람을 파악하는 데 큰 영향을 끼친다. 취업 면접에서 다음의 두 가지 근본적인 질문에 대해 빨리 답을 얻어내려고 하는 것도 바로 면접관의 안쪽 뇌이다.

❶ 이 사람은 그 일을 해 낼 수 있는가?

❷ 나는 이 사람이 마음에 드는가?(그는 나와 잘 맞는 사람인가.)

즉, 그들은 당신이 유능하고 우호적인 사람인지 평가하고 알아내려고 한다.

텍사스, 오스틴에서 성공 기술을 가르치는 패트 커크랜드는 우리에게 이렇게 말했다.

“당신이 다른 사람과 이야기할 때, 상대는 다음의 의문(1. 당신은 당신이 하고 있는 이야기가 무엇인지 아는가? 2. 당신은 우리와 잘 지낼 수 있는 사람인가?)을 해소하기 위해 당신이 하는 말뿐만이 아니라, 그보다 더 중요하게 재빨리(또는 무의식적으로) 당신의 비언어적 신호(몸짓, 얼굴 표정, 목소리 톤)를 읽어낸다.”

그들이 당신을 ‘유능하고 우호적인 사람이다.’라고 생각하게 되면, 이제 당신의 말은 그들에게 훨씬 더 설득력을 갖는다. 사실, 우리가 고객 서비스 쪽의 직원들을 맡을 때, 우리는 그들을 비디오로 촬영하여 말과 모습에서 유능하고 우호적으로 보이도록, 반복해서 행동을 교정해준다. 그리고 그들이 과정을 통과하면, 거의 모든 고객과의 대화를 성공적으로 처리할 수 있다고 판단한다.

당신은 명랑하고 재미있어서 모두가 당신과 함께 있는 것을 좋아하는가? 하지만 한편으로는 그들에게 받아야 될 충분한 존중은 받지 못한다고 느끼는가? 그렇다면 그 이유는 아마도 다른 사람이 당신을 유능하다고는 생각하지 않기 때문일 것이다. 그렇다면 당신은 똑바로 서 있는 자세, 자신감 있게 악수하기, 사람들을 똑바로 바라보기, 초조해하지 않고 좀 더 천천히 말하기와 같은 행동을 연습해야 한다.

당신은 사람들의 이목을 집중시키기 때문에 사람들이 당신의 말을 잘 들어주기는 한다. 하지만 당신의 권위적인 태도 때문에 사람들이 당신과 함께 있는 것을 불편하게 여기는가? 이는 당신 자신에 대해서만 똑똑하다고 느끼게 하거나, 또는 다른 사람들의 일에는 무관심한 태도를 보이기 때문일 수 있다. 또는 무의식적으로 당신이 사람들과 가까이 하고 싶지 않다는 신호를 보내기 때문에, 자기도 모르는 사이에 사람들이 멀어지는지도 모른다.

미소를 짓거나, 일상적인 이야기를 건넨다거나, 사람들의 이름을 불러주거나, 긍정적인 에너지로 대화를 하는 등의 행동을 해보자.

다른 사람의 판단은 곧 현실이다. 멋진 스피치를 구사하려면, 우리의 행동에 더 주의를 기울여, 다른 사람이 우리를 좀 더 좋게 판단할 수 있도록 해야 한다. 다시 한 번 강조하자면, 우리 모두는 유능하고 우호적으로 보일 수 있어야 한다.

Good Speech 3

목적에 대한 확신이 분위기를 휘어잡는다

긍정적 에너지의 힘

동료 중 한 명은 사무실 컴퓨터 위에 다음과 같이 붙여놓는다.

"에너지를 팝니다."

이는 수시로 그를 일깨워주어, 전화를 받을 때마다 그의 에너지 레벨을 올려준다. 그는 상대방에게 적정한 수준의 에너지를 발산하는 것이, 듣는 사람(잠재고객)에게 전달되어 자신을 만나고 싶게 만든다는 사실을 경험으로 알고 있기 때문이다. 이는 비단 비즈니스뿐만이 아니라, 정치, 스포츠, 연예계, 그리고 연애에 있어서도 마찬가지이다.

이제 나올 도표는 자신에 대한 점수를 매기도록 도와주는 확실한 열쇠가 될 것이다. 우리는 이를 '긍정적 에너지 등급'이라고 부른다. 이는 우리가 발산하는 에너지에 대해 사람들이 어떻게 판단하는지를 알게 해준다.

이 도표는 고객들에게 많은 사랑을 받았다. 그 이유는 고객이 어렴풋이 알고 있었던 것을 확실하게 평가할 수 있게 해주었기 때문이다. 또한 다른 사람들이 당신을 어떻게 판단하는지를 보여주는 알기 쉬운 방법이기도 하다.

우리가 추산한 바에 의하면, 우리가 조언을 하는 사람들의 반 이상이(60% 정도라고 해두겠다.) '중립 상태'이다.

대화를 할 때, 이들은 평균적인 에너지를 갖고 있는 것이다. 그다지 나쁜 편도 아니고 또 그다지 좋은 편도 아니다.

'중립 상태' 아래 단계에는 '비관 상태'가 위치한다. 우리가 관찰한 바로는, 약 15%의 사람들이 여기에 속한다. 이런 사람들은 사실 그렇게 일진이 나쁜 날이 아님에도 불구하고, 계속 그렇다고 생각하며, 결국 그런 날을 만든다. 일반적으로 이런 유형의 사람들은 미소도 잘 짓지 않고 낮은 목소리로 얘기하거나 몸의 자세도 좋지 않다.

당신은 대충 어떤 사람인지 감을 잡을 수 있을 것이다. 생각해 보면, 소매 업체에서 고객 서비스 쪽에 근무하는 대다수의 직원은 '중립 상태'이거나 '비관 상태'에 속한다. 만약 이들이 자신의 에너지를 끌어올리기만 한다면, 자신의 고객과 업무에 있어서 엄청난 변화가 생기는 것을 보게 될 것이다!

도표의 맨 아래층에는 '초비관 상태'가 있다. 우리 모두는 이러한 몇몇 비참한 영혼을 알고 있다. 이 부류에 속한 사람들에게 유명한 비유에 나오는 물 컵을 예로 들어, 물 컵에 물이 반이나 찼는지 아니면 아직도 반밖에 차지 않았는지를 물어보면 이렇게 대답한다.

"난 어쨌든 물 따위는 필요 없어."

'초비관 상태'의 사람들이 가진 부정의 에너지는 그들의 인생을 통째로 삼켜버릴 수 있다. 다행히도 5% 미만의 사람들만이 이런 계층에서 살아간다. '세인필드'의 '수프 나치'가 전형적인 이 '초비관 상태'의 인물이다('세인 필드'는 90년대 초반 미국의 히트 시트콤이다. 등장인물 중의 한 명인 '수프 나치'는 주문 절차를 지키지 않으면 수프를 팔지 않는 무뚝뚝하고 나치 당원 같은 수프 가게 주인을 말한다).

가장 상위에 있는 층은 '과도 상태'이다. 우리는 보통 이 부류의 사람은 너무 많은 에너지를 갖고 있다고 생각한다. 그들은 말할 때 너무 시끄럽고, 종종 다른 사람의 개인 공간을 침범하며, 지나치게 열정적인데다가 때로는 진실이 결여된 모습을 보이기도 한다.

토니 로빈스, 짐 캐리, 로빈 윌리엄스, 하워드 딘이다(하워드 딘은 2004년 미국 민주당의 대선 출마자로, 당시 아이오와 주 당원대회에서 패배한 후, 연설 도중 감정을 절제하지 못하고 광분한 모습을 보여 매스컴의 큰 이슈가 되었고, 이후 급격한 하락세를 타게 된다).

그나마 이 부류의 사람들에게 있어서 희망적인 측면은 주변 사람의 관심을 끄는데 성공적이며, 종종 긍정적인 면도 보인다는 점이다. 우리는 전 세계 인구의 약 5%가 여기에 해당한다고 추산한다.

마지막으로 소개하는 것은 '절정 상태'이다. 일반적으로 말해, 당신이 다른 사람들과 커뮤니케이션을 할 때, 당신이 있어야 할 마법과도 같은 장소이다. 인구의 15%가 여기에 속하며, 이들은 스스로 자신의 인생의 방으로 걸어 들어가 불을 밝힌다. 목소리를 높여 말하지만 시끄럽지 않고, 자연스럽게 눈을 마주치지만 빤히 쳐다보지 않으며, 다른 사람들을 편안하게 해주고, 훌륭한 유머감각을 갖고 있으며, 부드러운 미소를 짓는다. 우리가 고객을 지도할 때, 우리는 그들을 '절정 상태'로 이끌기 위해 노력한다.

몇 년째, 텍사스 주 댈러스의 아돌퍼스 호텔에는 필립 존슨이라는 호텔 안내인이 근무하고 있다. 당신이 필립을 만나는 순간, 당신은 그가 '절정 상태'의 사람임을 단번에 알 수 있다. 사실 그는 훌륭한 커뮤니케이터이며 그와 견줄 다른 직원이 없을 뿐 아니라 매년 '올해의 직원'으로 뽑힌다. 필립의 비결은 무엇인가? 그것은 전적으로 그의 행동과 연관이 있다. 훌륭한 자세를 유지하며, 사람들의 눈을 똑바로 바라보고, 방문하는 손님들과 악수를 나누고, 분명한 목소리로 이야기하며, 항상 유머를 건넨다. 필립에겐 뭔가 특별한 것이 있다.

우리가 고객을 '절정 상태'로 이끌기 위해 지도할 때, 어떤 경우에는 그들은 거부 반응을 나타내며 이렇게 말한다.

"제가 느끼기에 당신은 나를 다른 사람으로 만들려고 하는 것 같군요. 내가 첼로라면 당신은 나를 피아노가 되라고 하고 있어요."

우리는 그 사람에게 이렇게 답한다.

"당신이 첼로라면, 우리는 당신이 그냥 첼로로 있기를 바랄 뿐입니다. 하지만 당신은 전혀 음이 안 맞는 첼로예요."

'절정 상태'로 들어가는 것은 많은 사람들에게 어려운 일이지만, 그곳에 도달하면 즉각적으로 다른 사람들로부터 긍정적인 반응을 얻게 된다.

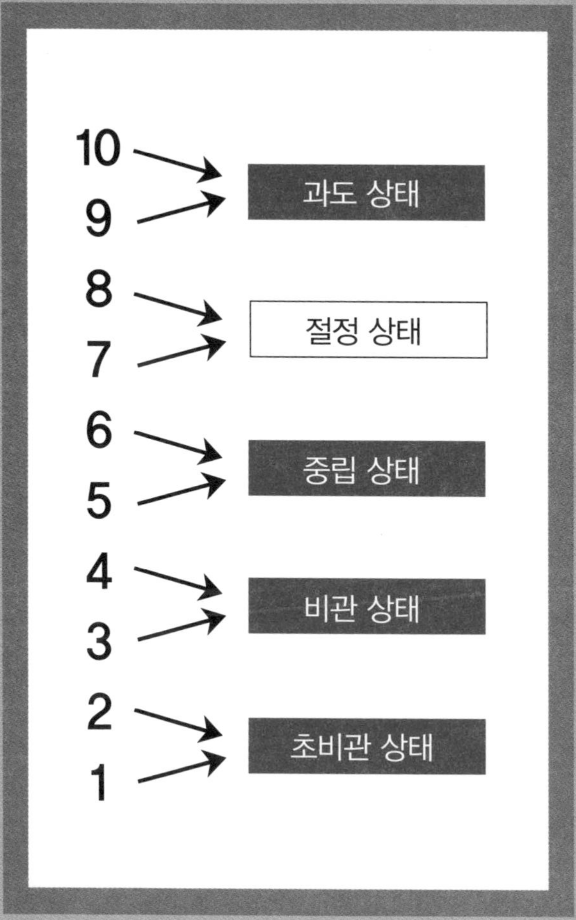

〈 긍정적 에너지 등급 〉

'이상적인' 단계를 목표로 한다

Good Speech 4

자신감을 보여라

발표 장소를 장악하라

역시 자신감만한 것이 없다. 자신감이란, 이미 알고 있듯이 내면에서 비롯된다. 우리가 내적인 평화나 내적인 힘을 느낄 때, 그것은 외부로 표출된다. 자신감이 있을 때, 우리는 미소 짓게 되고, 사람들과 정면으로 눈을 맞추며, 당당하게 서 있게 된다. 이런 자신감의 표출은 청중이 보는 외적 신호가 되며, 청중이 우리가 확실히 알고 이야기하고 있다고 결론을 내리는 데 큰 영향을 준다. 자신감은 곧 설득력이다.

하지만 자신감은 항상 내부에서 비롯되는 것만은 아니다. 사실상, 많은 사람들은 자기가 무슨 말을 하고 있는지는 확실히 알고 있지만, 그들이 말하는 방식을 보면 머뭇거리거나 확신하지 못하는 듯한 느낌을 준다. 그러면 듣는 사람은 회의적으로 변하게 되고 따라서 설득하기가 상당히 어려워진다.

우리가 목격한 한 가지 흥미로운 실험은 사람들이 자신감을 어떻게 인식하는지에 대한 통찰력을 준다.

어떤 공연에서 최면술사가 한 여성을 관중 앞의 무대 위로 올라오라고 요청했다(이 여성은 먼저 최면술사에게 자신은 매우 수줍음이 많고 사람들 앞에 나서는 것이 힘들다고 이야기한 터였다). 그녀는 관중들 앞에 서서, 다리를 부들부들 떨기 시작했다. 누가 봐도 처량할 정도로, 무대 위에 힘겹게 서 있는 듯 보였다. 시선을 아래로 떨어뜨리고, 어깨는 잔뜩 움츠리고, 얼굴에 여유 있는 미소라고는 찾아볼 수 없었다. 그 모습은 마치 한 마리의 겁에 질린 사슴과도 같았다.

최면술사는 무대 가장자리에서 어쩔 줄 몰라 하는 그녀에게 다가가서는 잠시 그와 함께 무대 밖으로 나가자고 했다. 15초 동안 그들은 무대 밖에서 무슨 얘기를 하는가 싶더니, 다시 무대로 돌아왔다. 다시 등장한 그녀는 관중 앞에 당당하게 서서 무대를 한 바퀴 돌며, 미소를 짓고, 자신감을 마음껏 발산시키고 있었다. 관중들은 놀라 눈이 휘둥그레졌다.

"대체 이 최면술사가 어떻게 그녀를 순식간에 변화시킨 거지?"

우리는 이 일화를 듣고 있는 고객들에게도 한번 맞춰보라고 문제를 낸다. 그러면 어떤 사람은 최면술사가 그녀에게 최면을 걸었다고 대답한다. 물론 일종의 최면이기도 하다. 또 어떤 사람은 그가 "자기 자신을 믿으세요."라든가 "당신은 할 수 있어요."라고 얘기했을 거라고 추측한다.

아니다! 비결은 의외로 간단하다. 최면술사는 그냥 이렇게 말했을 뿐이다.

"자, 내가 시키는 대로 하세요. 어깨를 펴고 똑바로 서서 무대 중앙으로 걸어가는 겁니다. 사람들의 눈을 똑바로 보고 미소를 지으세요."

그는 그녀에게 "나는 자신감이 넘치고 내가 하는 얘기가 무엇인지 알고 있어."라는 즉각적인 메시지를 보내는 특정한 행동을 하게 한 것이다. 이 가여운 여성이 무대에서 속으로는 여전히 떨고, 불안했을지 몰라도, 겉으로는 노벨상 수상자 못지않게 보였던 것이다.

"당신이 느끼고 싶은 대로 행동해야 한다. 그러면 당신은 행동하는 대로 느끼게 될 것이다."

Good Speech 5

눈이 말한다

시선을 맞춰라

예로부터 눈은 마음의 창이라 했다. 우리가 상대의 눈을 똑바로 바라보면 즉시 그들과 연결될 수 있다. 그것이 좋은 연결이든 나쁜 연결이든 간에 그 자체가 의미 있는 것이다.

우리가 말에 있어 달인이 되려면, 우리는 말 이외의 것에도 달인이 되어야 한다. 우리가 청중의 시선을 정확히 바라볼 때, 우리는 그들과 많은 양의 정보를 주고받는다. 눈을 통해 청중이 흥미를 느끼는지, 내 이야기에 동의하고 있는지, 혼란스러워하고 있는지, 뭔가 의문이 있는지를 알게 된다. 마찬가지로, 상대도 우리의 눈을 통해 같은 내용을 전달받는다. 그것은 서로 간에 믿음을 쌓게 하고, 믿음은 신뢰가 되고,

신뢰는 설득으로 이어진다.

시선을 맞출 때 주의사항이 있을까? 물론이다. 당신이 빤히 쳐다보면, 듣는 사람은 당신이 위협하는 것처럼 느낄 수 있다. 하지만 당신이 긍정이나 호감의 표시로 고개를 끄덕이며 미소를 지으면, 어떤 위협적인 느낌도 금세 누그러진다.

우리는 종종 "많은 사람들 앞에서 말할 때도, 사람들과 일일이 눈을 맞춰야 하나요?" 하고 질문을 받는다. 우리의 대답은 "당연하지요."이다. 물론 말하는 사람은 모든 사람들과 일일이 눈을 맞출 수는 없다. 하지만 다양한 사람들을 선택하여 그들과 개인적으로 소통하려고 해야 한다.

그런데 제발 부탁하는데, 청중의 이마 한가운데 가상의 점을 놓고 빤히 쳐다보면 안 된다(일부 사람들은 그렇게 하라고 가르친다). 만약 그러면 마치 당신이 그들의 이마 중앙에 있는 가상의 점을 노려보는 인상을 줄 수 있어서, 보기에 매우 안 좋다.

Good Speech 6

말하고자 하는 것을 보여줘라

몸짓언어는 많은 것을 말해준다

1960년대 초반, 미국 캘리포니아 주립대학의 앨버트 메라비언 교수는 인간의 커뮤니케이션을 더 잘 이해하기 위한 연구를 실시했다. 구체적으로 그는 우리가 전달하는 메시지의 의미가 우리가 사용하는 말에서 얼마만큼 나오는지, 그리고 얼마만큼 우리의 목소리(예를 들면 음량, 속도, 음조, 음색)에서 나오는지, 또 얼마만큼 우리의 외견(여기에는 얼굴표정, 손동작, 몸동작, 의상, 눈 맞춤이 포함된다.)에서 나오는지를 알아내려고 했다. 그의 연구결과는 많은 사람들을 놀라게 했고, 또 어떤 사람들에게는 그동안 의구심만 갖고 있던 사실을 확신시켜 주는 결과를 가져왔다.

메라비언의 연구에 따르면, 커뮤니케이션에서 메시지의 의미는 내용(말)이 7%를 차지하며, 목소리(음성)는 38%를 차지하고, 외적인 것(시각)은 무려 55%를 차지했다(이것은 왜 슈퍼모델이 시인보다 더 많은 돈을 버는지로 설명될 수 있을지 모른다).

이 흥미로운 결과가 각각의 모든 상황에 적용할 수 있는 직접적인 결론은 아니다. 그러므로 지침으로 이런 수치들을 활용하기를 바란다. 위의 연구 결과는 어느 정도 수치를 감안하고, 세 가지 요소가 중요하다고 치더라도, 전달하려는 메시지의 2/3는 비언어적인 신호가 차지한다는 사실을 의미한다(덧붙여 말하면, 메라비언은 전화로 얘기할 때는 메시지 의미의 82%가 목소리, 18%가 내용이 차지한다고 밝혔다).

메라비언의 연구를 더 설명하기 위해, 우리는 워크숍에서 종종 참가자를 보고 그를 향해 "셔츠 참 멋진데요!"라고 외친다. 또한 말할 때 미소를 짓고 쾌활하고 힘차게 말한다. 이 말을 듣는 사람은 금세 얼굴이 밝아져 미소를 짓는다. 잠시 후에, 우리는 같은 말을 또 다른 사람에게 건네는데 이번에는 그를 흘끗 보고는 비꼬는 말투로 "셔츠 참 멋지군요."라고 말한다. 그러면 그 사람은 금방 풀이 죽거나 움츠러든다. 같은 말이라도 시각적, 음성적 신호에 따라 그 의미가 완전히 달라지는 것이다.

이런 실험을 해보자. 다음 문장을 큰 소리로 읽어본다.

"데이비드는 줄리가 신문을 가져갔다고 말하지 않았다(당신을 위해,

주위 사람이 아무도 없을 때 하기를 바란다)." 이제 이 문장을 7번 더 읽어 보는데, 읽을 때마다 그 문장에서 하나씩 다른 단어를 강조해 본다. 당신은 각각의 문장이 일곱 가지의 서로 다른 의미를 만들어낸다는 것을 알게 될 것이다. 이제 당신은 다른 사람들과 왜 그렇게 많은 오해가 생기는지, 그리고 왜 종종 이메일로 잘못된 해석과 문제가 발생하는지 실마리를 찾아냈을 것이다.

그러면 이 모든 것이 당신에게 무슨 의미가 있는가? 당신이 대다수의 일반적인 사람들과 같다면, 발표하기 전에 말하려는 내용을 준비하는 데 거의 모든 시간을 보낼 것이다. 물론 잘하는 일이다. 말하는 내용은 중요하니까. 하지만 당신은 말을 어떻게 전달할 것인가에 대해 충분한 시간을 사용하는가?

Good Speech 7

몸짓을 사용하라

강조를 위해 제스처를 사용하라

자, 당신은 지루하고 무미건조한 메시지들을 장황하게 늘어놓고 있는 사람의 맞은편 책상에 앉아 있다. 그에게서 활기라고는 눈곱만큼도 찾아볼 수 없다. 당신은 갑자기 저러다 쓰러질지도 모른다는 생각을 한다. 그러면 언제쯤에 경찰이 와서 그 사람이 있던 자리에 하얀 분필로 시체가 있었던 자리라며 표시를 할까. 이거, 완전 딱딱하게 굳었군.

이런 사람은 이미 방부 처리된 시체와 마찬가지이거나, 비언어적인 커뮤니케이션을 전혀 사용하지 못하는 사람이다.

사무실 책상에서든, 많은 사람들 앞에서든, 말을 전달하는 것은 사용할 수 있는 모든 커뮤니케이션 도구(두뇌, 목소리, 신체)를 총동원하는 하나의 오케스트라이다.

또한 몸 전체를 사용하기도 하는데, 여기에는 얼굴 표정, 팔과 손의 동작, 그리고 몸의 위치 등을 포함한다. 사회 과학자들은, 청중은(당신을 보고 있거나, 당신의 얘기를 듣는 어떤 누구라도) 당신의 말보다는 시각적 이미지로부터 더 많은 의미를 얻는다고 한다.

우리의 연구는 몸짓 즉 모든 신체 부분의 사용이(물론 이성적인 범위 안에서) 열정에서 비롯된다는 사실을 증명해 왔다. 그리고 이 열정은 당신의 자연스러운 모습과 신체를 통해 이야기하려고 하는 자발성에서 비롯된다. 팔에 힘을 빼고 양손을 앞으로 가볍게 쥐고, 움직이고 싶을 때 언제든 자유자재로 움직이게 해야 한다. 똑바로 서되 경직되어서는 안 된다. 얼굴의 모든 부분 즉 눈썹, 목, 입, 눈이 표정을 만들어내고 있음을 기억해야 한다. 당신의 몸짓언어는 당신이 하는 말을 강화해주는 역할을 한다. 예를 들어 "전체 포트폴리오는"이라는 말을 할 때는 모든 것을 포괄하는 무언가를 말하는 것이므로 팔을 넓게 펼쳐야 한다. 또 "우리는 빡빡하지만 적절한 이익을 남깁니다."라고 할 때는 작은 것을 가리키는 손동작을 한다. 전신 거울 앞에서 자신의 모습을 보며 연습하고, 자신의 제스처를 관찰해야 한다. 그러면 당신은 더 많은 것을 알게 될 것이다.

그리고 손을 호주머니에 넣거나, 팔짱을 끼거나, 볼펜을 만지작거리는 등의 행동은 하지 않도록 주의해야 한다.

좋은 커뮤니케이션이란 빈틈없고 민첩한 자세와 얼굴 표정이나 몸짓언어를 활용하는 능력에서 나온다.

Good Speech 8

저음은 듣기 지루하다

당신의 목소리에 변화를 줘라

'백색 소음기'에 대해 들어 본 적 있는가? 그것은 사무실이나 주택의 주변 소음을 덮어버린다. 목소리의 음량 변화나 조정을 하지 않고 메시지를 전달한다면, 당신은 백색 소음기와 다르지 않다. 아무도 듣고 싶지 않은 쿵쿵거리는 기계에 지나지 않는다. 당신의 목소리는 주변에 소음이 될 것이다.

하지만 두 가지 행동에 주의를 기울이면 소음을 막을 수 있다. 당신의 말에 의미를 더하기 위해 음조에 변화를 주거나, 포인트를 강조하기 위해 음량과 속도를 조절하는 것이다.

우선, 음조의 변화부터 살펴보자. 대부분의 형용사와 명사는 고유의 의미를 갖고 있다. 그래서 우리는 그 의미대로 발음해야 한다. 몇 가지 예를 들면, '거대한'이라는 형용사는 매우, 엄청나게 크다는 의미를 갖고 있기 때문에 그 의미를 살려서 읽어야 한다. '흥분한'이라는 단어 역시 에너지가 넘치는 감정적 상태를 나타내는 단어이므로, 그 느낌대로 전달해야 한다.

'수십억'이라고 할 때는 셀 수 없이 많은 숫자를 가리키므로, 많다는 느낌이 충분히 전달되도록 발음해야 한다. 음조는 의미를 더해준다. 이제 다음 문장을 읽어보자.

"수십억의 거대한 무리의 사람들이 모여 있고 한 소년은 흥분해 있습니다."

두 번째로, 음량과 속도의 조절이다. 심장 박동의 높낮이를 나타내는 심전도 모니터를 떠올려 보자. 당신이 말할 때, 그것은 당신의 메시지를 내보내는 송신 장치와 같다. 상승 부분에서는 당신의 목소리는 더 빠르고 더 커야 한다. 그러나 하강 부분에서는 목소리를 느리게 하고 음량을 낮춰서, 더 여유 있게 해야 한다. 다시 한 번 강조하면, 당신이 내용을 전달할 때, 변화를 주면 내용의 의미와 효과는 더 커진다. 당신이 밋밋하고 단조롭게 이야기하면, 듣는 사람도 그렇게 듣는다.

Good Speech 9

볼륨을 높여라

당신의 목소리를 계획하라

우리는 절정 상태의 중요성에 대해 이야기했다. 절정 상태로 가기 위해, 도움이 되는 많은 방법을 설명했지만, 단지 목소리의 음량을 높이는 것만으로도 더 빠르고 더 쉽게 이 상태에 도달할 수 있다.

일 대 일 커뮤니케이션에서, 보통 이상으로 크게 말하는 것은 불필요하며 듣는 사람의 신경에 거슬릴 수 있다.

일 대 일 대화에서는 상호 간의 친밀감이 존재하므로 굳이 크게 이야기할 필요는 없다. 그러나 당신이 둘 이상의 사람들과 이야기를 할 때는 주의를 끌기 위해 음량의 높낮이를 적절히 맞추어야 한다. 10명에서 15명의 인원이 참석하는 회의라면 더 크게 이야기하고, 그보다 더 많은 청중들 앞에서 이야기하는 경우라면 그보다는 더 커야 한다.

우리는 고객들에게 소그룹의 사람들 앞에서든, 화상 회의든, 음성 메시지든 큰 소리로 이야기하라고 요구한다. 사실 목소리를 낮춰서 말해야 할 경우는 거의 없다. 아이러니하게도 한번은 정확히 반대되는 두 부류의 사람(중얼거리는 사람과 소리 지르는 사람)을 만났다.

첫 번째 사람은 목소리가 너무 작아 에어컨 소리에 묻혀 도대체 무슨 얘기를 하는지 알 수가 없었다.

두 번째 사람은 목소리가 너무 커서 그와 하루 이상 한 방에 갇혀 있다가는 귀에 문제가 생길 것 같았다. 둘 다 적정한 수준으로 음량을 조절하지 못했다.

이야기할 때, 자신이 적정하다고 생각하는 음량과 실제 말하는 음량 사이에는 차이가 있으므로, 많은 사람들이 자신의 음량을 높여야 한다고 생각하지 못한다. 당신은 친한 동료에게 자신의 음량이 어떤지 물어보기를 바란다. 또한 미리 발표하게 될 방에 가서 음량을 테스트해 보라. 기억해야 할 점은 방에 사람들이 꽉 찼을 때는 당신은 더 크게 말해야 한다는 점이다.

Good Speech 10

침묵은 금이다

속도를 유지하고 조금씩 쉬어가라

당신은 대부분의 사람들이 그러하듯이 '시간은 금이다'라는 말에 동의하는가? 커뮤니케이션에서, 특히 시간은 금과 같다.

당신이 책이나 기사를 읽을 때, 당신은 쉼표, 마침표, 대시, 콜론, 세미콜론과 같은 많은 종류의 문장부호를 보게 된다. 당신이 말로 의사를 표현할 때는 이와 같은 문장부호가 필요 없다. 일련의 사물들을 나열할 때 찍어주는 쉼표나 문장의 끝맺음을 표시하는 마침표도 없다. 당신은 오로지 말을 잠깐씩 끊어가야 한다.

침묵의 길이는 당신이 글에서 보는 문장부호의 종류에 따라 결정된다. 쉼표일 때는 약간 쉬고, 마침표와 콜론일 때는 더 길게, 단락이 이

어질 때는 그보다 더 길게 쉰다. 그리고 주제가 바뀔 때는 앞의 경우보다 더 오래 쉰다(다이아몬드 모델에서 각 단계가 분리되어 있는 것처럼).

당신이 누군가에게 '어제, 오늘, 내일'과 같이 연속되는 세 개의 단어를 말한다고 가정해 보자. "어제(약간의 침묵), 오늘(약간의 침묵), 내일(약간의 침묵)." 이런 식으로 말하는 것이 좋다. 서두르지 말고 시간을 갖고 차근차근 말해야 한다.

쉼표, 마침표, 대시를 나타내는 침묵은 1초에서 2초 이내가 적당하다. 주제를 바꾸는 경우에는 2초에서 4초 정도로 더 길게 멈추어준다. 책을 보는 것에 비유를 하자면, 어떤 책이든 각 장이 끝날 때, 약간의 공백이나 한 페이지가 완전히 비어 있는 경우가 있는데, 이는 독자가 다음 장으로 넘어가기 전에 생각을 정리하고 방향을 바꾸기 위해 시간을 주려는 것이다. 마찬가지로, 당신이 주제를 바꿀 때, 청중에게 잠시 생각을 정리할 시간을 주고, 당신 역시 잠시 숨을 가다듬는다. 말을 끊어가는 것은 중단을 의미하는 것이 아니라 이야기에 부호를 찍어 쉬어가는 것이다.

우연히 우리는 월마트의 CEO 존 멘저를 만나게 되었다. 그는 우리에게 일본에 있을 때 말을 끊어가는 것의 중요성에 대해서 깨닫게 되었다고 했다. 당시 그는 통역사를 통해 청중에게 연설을 해야 했는데, 그는 어쩔 수 없이 한 번에 한 문장씩 말하고, 통역사가 그것을 전달할 때까지 기다려야 했다. 그때 그는 말을 끊어가는 것이 매우 효과적이라는 사실을 깨달았다.

훌륭한 연설가들은 우리를 완전히 매료시켜 말 한 마디 한 마디에 귀를 기울이게 만든다. 동료 중 한 명이 이런 말을 한 적이 있다.

“나는 사람들에게 여러 사람 앞에서 말을 유창하게 하는 법을 가르치는 것이 아니라, 여러 사람 앞에서 쉬어가면서 말하는 법을 가르칩니다. 사람들 앞에서 말하는 것은 쉽지만 쉬어가면서 말하는 것은 매우 어려우니까요.”

당신은 훌륭한 연설가들이 말하는 동안 물을 한 모금씩 마시는 것을 본 적이 있는가? 이는 목을 축이기 위해서뿐만 아니라 잠시 쉬어갈 시간을 주려는 것이다.

Good Speech 11

단어 과부하

너무 많은 정보는 금물

우리는 이 책의 제목을 '일관성 있고 확신 있게 생각의 핵심(메시지)을 전달하고 발전시키기 위한 다양한 도구와 기술을 보여주는 멋진 지침서'로 지으려고 했다. 눈길을 끄는 제목이 아니지 않은가? 그래서 고민 끝에, 우리는 '스피치는 3분으로 결정된다'라고 지었다.

사람들이 단어를 더 적게 사용할 수 있는데도, 더 많은 단어를 사용하는 이유는 두 가지이다.

첫 번째는 그들이 머릿속에서 무슨 말을 하려는지 명확하지 않아서이다. 그들은 말을 먼저하고 생각은 나중에 한다. 그러나 좋은 커뮤니케이터는 말하기 전에 자신이 무엇을 말하려는지 알고 있기 때문에 곧

바로 요점으로 들어간다. 당신은 말하기 전에 당신이 말하고자 하는 것이 무엇인지 정확히 알고 있는가?

두 번째로 그들이 너무 많은 단어를 사용하는 이유는 자신이 말하고자 하는 내용을 알고 있기는 하지만, 제대로 훈련받지 못해서이다. 황금시간대의 30초짜리 TV 광고에 약 50만 달러의 비용이 들어간다고 했을 때, 광고 안에 쓰이는 단어 하나하나는 엄청난 돈이다.

광고주는 몇 달 동안 고객의 상품을 조사한 후, 모든 정보를 하나의 간단한 TV 광고나 인쇄광고로 압축한다. 예를 들면 '볼보는 현재 도로 위를 달리는 가장 안전한 자동차입니다.' 이제 이해하겠는가?

훌륭한 연설가 윌리엄 제닝스 브라이언은 1896년 민주당 대통령 후보 연설 당시, 한 문장에 평균 104개의 단어를 사용했다. 그러나 오늘날 정치 연설에서 한 문장에 들어가는 단어는 20개 미만이다. 우리는 '직행의 시대'에 살고 있으며, 그만큼 요점을 상대에게 더 빨리 밝혀야 한다.

다음번에 당신이 요점을 말할 때는 15초 내에 말할 것이라고 가정해야 한다. 이는 당신이 바로 요점에 들어갈 수 있게 해줄 것이다. 말은 곧 돈이다. 적게 사용할 수 있는데 왜 더 많이 사용하는가? 예산에 맞게 사용하도록 해야 한다.

Good Speech 12

유행어, 전문용어, 모호한 말

까다로운 표현은 피해라

“당신이 강세 시장에 차입 자본을 투입하고, 7/24을 실행하고, 틀을 깨고 생각하고, 결과 중심의 가치를 최대한 활용한다면, 말하는데 있어 시너지 효과를 내고, 윈윈의 결과를 가져오는 고객에게 초점을 맞춘 사고를 깨닫게 될 것이다.”

위와 같은 말은 명확하고 간결하며 이해하기 쉬운가?

왜 사람들은 전문 용어의 덫에 빠질까? 아마도 주위의 인정을 받고 싶어서이거나, 주변 사람만큼 똑똑하다는 것을 보여주고 싶어서일 것이다. 그러나 청중 반 이상이 당신의 말을 이해하지 못한다면 무슨 의미가 있을까?

만약 당신이 자주 복잡한 전문 용어를 사용해왔다면 자제해야 한다. 한번은 국민건강보험의 직원이 '최종적 비해당 보험환자에 관한 결과'에 대해 이야기한 적이 있다. 그러나 국민건강보험의 직원들만이 그가 말하는 단어가 '사망'을 가리킨다는 것을 알 수 있었다. 또한 몇몇 일반 건강보험 회사에서는 '사망'을 가리켜 '비자발적 탈퇴'라고 정의한다.

어떤가? 그다지 나쁘지는 않아 보인다. 그러나 어처구니없는 사실은 대부분의 사람들이 '비자발적 탈퇴'의 의미를 모른다는 것이다. 유행어, 전문용어, 모호한 말은 죽은 언어일 뿐이다.

얼마 전, 한 컨설팅 회사가 전문용어를 바꿔주는 '투우사'라는 이름의 소프트웨어 프로그램을 출시했다. 그런데 뉴욕 타임스가 이에 대해 언급하며 다음과 같이 지적했다.

"소비자의 인식을 바꾸거나 확산시키고 사회적 변화를 이용하도록 부추겼다고 비난받은 회사들은 자신들의 알 수 없는 용어를 계속해서 사용해왔다."

알 수 없는 용어는 버려야 한다. 유명한 스포츠 캐스터였던 고 호와드 코셀은 이렇게 말했다.

"있는 그대로 말해야 한다."

Good Speech 13

제 생각에는, 어쩌면, 아마도

불필요한 수식어를 없애라

우리는 최근에 한 대기업의 수석 연구원에게 조언을 해준 적이 있다. 그는 세 가지 연구결과를 발표했다. 그런데 첫 번째 결과를 이야기할 때 “제 생각은”으로 말문을 열었고, 두 번째에는 “어쩌면”으로, 세 번째에는 “아마도”로 시작했다. 그에게는 미안한 얘기지만, 대기업의 수석 연구원이라기보다는 게임쇼에 출연한 수줍음 많은 참가자 같아 보였다.

왜 많은 사람들은 ‘제 생각에는’, ‘어쩌면’, ‘아마도’와 같은 수식어를 사용하며 이야기를 시작할까? 이런 단어들은 당신의 역할과 신뢰를 떨어뜨린다.

"제 생각에는 이 프로그램이 필요한 것 같습니다."라고 말하지 말고, "이 프로그램이 필요합니다."라고 말해야 한다. "아마도 이 프로그램이 문제를 해결해 줄 것입니다"라고 말하지 말고, "저는 이 프로그램이 문제를 해결해 줄 것이라고 확신합니다."라고 말해야 한다. "사람들은 아마도 이 문제에 대해 호의적으로 반응할 것입니다."보다 "경험을 통해 우리는 비슷한 프로그램들이 사람들에게 좋은 반응을 얻었다는 것을 알고 있습니다."라고 말해야 한다.

대화를 하다 보면, 종종 "내 생각에는"이라는 말이 무의식적으로 튀어나온다. "음"이라든가 "어"라든가 하는 말들도 마찬가지이다. 이것들은 모두 불필요한 수식어다. 자신의 목소리를 녹음해서 "제 생각에는", "아마도", "어쩌면"과 같은 말이 들어 있는지 살펴봐야 한다.

만약 당신이 일부러 수식어를 사용하려는 의도가 아니라면, 이런 수식어가 문장의 의미를 흐리도록 내버려둬서는 안 된다.

Good Speech 14

자극을 줘라

비유, 놀라운 통계자료와 유머

몇 년 전, 우리 고객 중의 한 명이 회의를 하던 도중, 효과적으로 계획을 세우는 방법에 대해 이야기했다. 그는 계획을 세울 때, 과거에 일어난 일을 고려하지 않으면 "그것은 뿌리가 잘린 꽃을 심어 놓고 자라기를 바라는 것과 같다."고 했다. 이 말이 바로 핵심이다.

이 책의 앞부분에서 우리는 청중을 사로잡기 위해 주목을 끌 만한 무언가를 이용하는 방법에 대해 설명했다. 같은 맥락으로 가장 훌륭한 커뮤니케이터들은 청중들이 계속해서 집중하도록 주목을 끌 만한 이야기를 집어넣는다. 여기서 당신이 시도할 수 있는 몇 가지 방법을 보여주겠다.

비유는 커뮤니케이션을 위한 최후의 수단이다. 비유를 잘 사용하면, 지루한 주제에 생기를 주고, 개념을 쉽게 이해시킴으로써 복잡한 문제를 설명하는 데 도움이 된다.

콜린이라는 이름을 가진 5학년의 학생은 같은 반 친구들 앞에서 췌장에 대해 발표를 해야 했다. 그는 췌장이 두 가지의 중요한 기능을 수행한다는 것을 알아냈다. 췌장은 음식을 소화시키는 효소와 혈당을 조절하는 인슐린을 분비한다.

콜린은 반 친구들에게 췌장이 축구에서 코치와 비슷한 점이 많다고 설명했다. 왜냐하면 췌장은 언제 공격진(효소)을 내보내고, 언제 방어진(인슐린)을 내보내야 할지 알고 있기 때문이다. 이것이 바로 커뮤니케이션이다.

놀라운 통계자료는 커뮤니케이션을 위한 훌륭한 수단이다. 그저 지루한 수치를 나열하라는 이야기가 아니다. 청중들이 "에이 설마, 장난치지 마." 혹은 "난 정말 몰랐어."라고 감탄할 만한 수치를 찾아야 한다.

1998년 8월 17일자의 '뉴요커'지는 아주 놀라운 통계자료를 실었다. 이 신문은 뮤추얼 펀드 투자자들은 향후 10년 동안 다우 지수가 136,500포인트까지 상승하면서, 연간 34%의 수익을 올릴 것이라고 예상했다. 이것이 바로 청중의 흥미를 휘어잡는 방법이다.

그리고 유머다. 우리는 당신이 CEO와 대화를 나눌 때, "수녀와 유대교 랍비가 함께 술집으로 들어가는군요." 하는 말로 대화를 시작하라고 권유하는 것이 아니다. 단지 우리는 당신이 다른 사람과 이야기할 때, 약간의 가벼움을 더하는 방법을 찾으라는 것이다. 듣는 사람은 훌륭한 유머감각을 갖고 자신을 소재로 농담을 할 수 있는 사람을 더 재미있고 더 설득력 있게 느낀다. 가볍게 시작해야 한다.

Good Speech 15

그래서 당신의 이야기는 뭔가요

이야기는 관심을 끄는 수단

한 강연에서 어떤 여성이 자신의 이야기로 말문을 열었다.

"대학 다닐 때 이야기에요. 하루는 아침에 일어났는데 그 전날 늦게까지 공부하는 바람에 너무 피곤한 거예요. 아침 수업을 빼먹고 그냥 잠이나 잘까 하다가 마음에 걸리기도 하고 찜찜해서 그냥 학교에 나갔죠. 일찍 교실에 도착해서 잠도 깰 겸 일부러 앞에 앉았어요. 그런데 그만 졸고 말았고, 눈을 떴을 때는 교실 안에 있는 학생들이 저를 향해 기립 박수를 치고 있었어요. 그렇게 심하게 잔 건 아닌데라고 생각하며, 둘러보니 수업시간 내내 잠을 자고 있었던 거예요. 저를 향해 박수를 치는 학생들은 다음 수업에 들어온 학생들이었어요!"

그녀는 이야기를 마치고 바로 요점을 밝혔다.

"만약 당신이 미리 에너지를 충전시켜 놓는다면, 나중에 에너지를 써야 할 때, 부족해서 못 쓰는 경우는 없겠죠."

당신의 메시지에 활력을 불어넣고, 청중에게 각인시키는 많은 방법은 있다. 한 가지 확실한 방법은 자신의 개인적인 이야기를 들려줌으로써 요점을 밝히는 것이다. 개인적인 이야기는 청중의 주의를 사로잡으며, 그들에게 영감을 주며, 또한 마음을 편안하게 한다. 포춘지가 선정한 500대 기업 중의 어떤 회사는 사원들에게 설득력을 얻기 위해 개인적인 경험을 어떻게 사용하는지에 대한 워크숍을 열기도 한다. 닭고기 스프라는 책의 성공을 보자. 전부 이야기, 이야기, 이야기이다.

이야기가 왜 그렇게 중요할까? 인간은 수백만 년의 시간 동안 계속 이야기를 해왔으며, 또한 그것은 우리 본연의 모습이기 때문일지도 모른다. 또한 듣는 사람들은 우리가 하는 이야기를 통하여 우리와 더 잘 공감할 수 있다. 그 이유가 무엇이든 간에 최고의 커뮤니케이터는 자신의 이야기와 경험담을 사용하여 자신이 말하는 내용을 살아 있게 만든다.

하지만 요점을 밝히는 개인적인 이야기를 풀어갈 때는 약간의 과정이 필요하다. 먼저 사람들로부터 반응을 이끌어내는 개인적인 경험을 나눠야 한다. 예를 들면 실수로 아버지의 차를 후진시키다가 강에 빠뜨릴 뻔했던 사건도 좋다. 그다음은 경험으로부터 하나의 요점을 이끌어내서 그 요점을 청중에게 자연스럽게 연결시켜야 한다. 앞에 언급한 사건의 요점은 이것이다.

"충분한 시간을 갖고 미리 계획할 수 있다면, 재난이 닥쳐와도 대처할 수 있을 겁니다."

이야기를 하고, 하나의 요점을 이끌어내고, 그것을 듣는 사람과 연결시켜야 한다. 그들은 당신의 이야기를 기억하고, 당신의 요점을 기억하게 되며, 당신을 기억하게 될 것이다.

Good Speech 16

메시지를 남겨주세요

음성 메시지 이용하기

우리는 강연을 며칠 앞두고, 한 학생으로부터 음성 메시지를 받았다. 그는 "제가 다음 주 강연의 수강신청을 하려고 했거든요. 그런데 생각해 보니까, 먼저 좀 더 생각해 보는 게 나을 것 같아서요. 제가 강연에 가야 할까요, 말아야 할까요. 어떻게 생각하세요?"

당신은 횡설수설대고 혼란스럽게 하는 음성 메시지를 받아보았는가? 알고 있겠지만, 너무나 길게 이어지는 생각은 어디서 시작하는지, 어디에서 끝나는지 모른다. 당신은 결국 "요점이 뭐야? 대체 나더러 어떻게 하라는 거지?"라고 투덜거릴 것이다.

너무나 많은 사람들이 음성 메시지에 무슨 내용을 이야기할지 미리 생각해 보거나 계획하지 못한다.

그들은 단지 다시 전화를 달라고 요청하는 식으로 메시지를 남긴다. 어떤 때는 그것만으로도 괜찮지만, 경우에 따라서는 문제를 해결하기 위해, 음성 메시지에 특정한 정보를 남겨야 할 때도 있다. 우리의 많은 고객들은 전화기 옆에 다이아몬드 모델을 복사해서 붙여놓고, 간결하고 효율적으로 자신의 메시지를 전달한다.

여기 잘 짜인 음성 메시지를 전달하는 방법을 소개하려고 한다. 만약 당신이 중요한 마케팅 조사를 막 마쳤다고 해보자. 당신은 영업부 부사장에게 이런 식으로 메시지를 남길 수 있다.

"부사장님이 후원해 주신 마케팅 조사를 지금 끝냈습니다. 아셔야 할 세 가지 점이 있습니다. 첫 번째는 분명 결과에 만족하실 겁니다. 두 번째로 최종 보고서를 마무리하는 데는 이틀의 시간이 더 필요합니다. 그리고 마지막으로 이 조사는 다음 달 저희가 상품을 출시하는 데 확실히 중요한 역할을 할 것입니다."

다음은 상대방에게 당신의 행동 단계를 더한다.

"구체적으로 논의할 수 있도록 편하실 때 되도록 빨리 전화주시기를 부탁드립니다."

잘 구성되고 분명하고 간결한 음성 메시지는 시간을 절약하며 훨씬 효과적으로 의사전달을 하게 한다. '다이아몬드 모델'과 관련하여, 당신이 누군가와 통화할 때 얘기할 것이 많다면 다이아몬드 모델을 사용하는 것이 도움이 될 것이다.

메릴린치에서 근무하는 우리 고객은 다이아몬드 모델을 사용해서 화상회의를 했었다. 그는 회의를 마치고 회의에 참석했던 사람으로부터 자신이 지금까지 보았던 화상회의 중에서 단연 최고였다는 이메일을 받았다.

Good Speech 17

여기로 이메일을 보내세요

이메일 이용하기

우리는 이 책을 분명하고 간결하게 설명하기 위한 목적으로 썼지만, 이메일의 경우도 고려하지 않을 수 없었다. 이메일은 훌륭한 커뮤니케이션 수단이며, 팩스나 편지보다도(편지를 언제 써보았는지 기억하는가?) 훨씬 빠르다. 또한 전화만큼 상대방에게 방해를 주지 않으며, 내성적인 사람은 교묘하게 직접 얼굴을 보고 대화하지 않아도 된다. 게다가 무료니 맘껏 사용할 수 있다.

하지만 안 좋은 면도 있다.

이메일은 골칫덩이가 될 수 있다. 당신은 이메일을 보내는 사람의 몸짓언어를 읽을 수 없으며, 목소리의 변화도 감지할 수 없고, 내용이 잘 이해되지 않는 경우 설명을 해달라고 요구할 수도 없다. 이메일이 훌륭한 도구이기도 하지만, 때로는 방해물이 될 수 있다.

그러면 어떻게 당신은 이메일을 잘 활용할 수 있을까? 이 문제에 대답하려면 두 가지를 염두에 두어야 한다.

❶ 내용. 그리고 ❷ 어조.

내용에서는, 우리가 이미 이 책에서 다루었던 동일한 원칙을 적용하면 된다. 첫 번째 청중을 알아야 한다(이메일은 누구에게 보낼 것이며, 수신인은 누구인가?).

두 번째, 이메일을 보내는 목적을 알아야 한다(당신의 목적이 무엇인지 분명하게 설명했는가?).

그리고 세 번째, 기회가 있을 때마다 다이아몬드 모델을 사용하여 보낼 이메일의 내용을 정렬하고, 받는 사람이 당신의 생각을 쉽게 이해할 수 있도록 한다(단어들을 적게 사용하되, 중요한 내용을 세 가지로 요약하고, 그리고 행동으로 이어지게 한다).

이메일에서 적절한 어조를 나타내는 것은 어려운 문제이므로 당신이 수신인이라고 생각하고 이메일을 교정해야 한다. 재치 있게 한 말이 자신의 의도대로 들리는지 아니면 듣는 사람이 비꼬거나 빈정거린다고 오해하는 것은 아닌지를 확인한다. 당신의 말은 당신이 의미하는 그대로인가? "알겠습니다."라는 말을 예로 들어보자. 이 말 자체는 "저는 당신의 의견에 동의합니다."이지만 "저는 당신의 의견에 동의하지 않습니다만."을 의미할 수도 있다. 또한 이메일을 받는 사람이 마음을 열고 더 잘 받아들이게 하려면 따뜻하고, 친근한 어조를 포함해야 한다(서두에 "해리 씨"보다는 "안녕하세요. 해리 씨"가 훨씬 긍정적이다).

우리는 이메일에 대해 할 말이 많지만, 당신에게 한 가지 제안을 하고 이야기를 마치려고 한다.

이메일을 받았을 때 짜증나게 했던 점을 잘 기록해 두었다가, 자신이 이메일을 쓸 때는 그런 점을 피하는 것이다.

Good Speech 18

파워포인트의 요점은 무엇인가

시각적인 자료의 효과적인 사용

최근 딜버트의 만화는 파워포인트의 중요성을 잘 보여준다. 청중석에 있던 한 사람이 발표자에게 물었다.

"당신은 일부러 프레젠테이션을 이해하지 못하게 만든 건가요? 아니면 엉망진창인 파워포인트를 가져온 건가요?"

마이크로소프트 사의 파워포인트나 이와 유사한 프레젠테이션 소프트웨어는 우리의 메시지를 더 잘 전달하게 해주는 훌륭한 도구가 될 수 있다. 잘 사용하면, 시각적으로 흥미를 더해주며 중요한 말을 강조해주고, 그림이 필요한 순간에 적절히 활용할 수 있게 해준다. 하지만 잘못 사용하는 경우를 볼 수 있는데, 그야말로 회의실은 여러 장치의 결함과 오류로 한바탕 혼란 상태가 된다. 공중에 터지는 폭탄 같은 정신없는 화면, 미끄러지고 돌아가는 여러 줄의 활자, 타임 스퀘어의 현수막들처럼 펄럭거리는 메시지들, 아주 작은 글씨들로 된 연속적인 데이터들에 청중은 뭐가 뭔지 알 수 없게 된다.

또 다른 문제는 청중 대부분이 눈부시고, 시각적으로 화려한 프레젠테이션에 도취되어, 메시지가 아닌 도표나 그림에 온 신경을 빼앗기게 된다. 방해가 될 만큼 과도하게 사용해서는 안 된다.

그래서 시각적인 자료를 사용할 때는 그것은 단지 '시각적 보조수단'이라는 점에 유의해야 한다. 그렇다. 보조적인 역할로 쓰이는 시각적인 자료가 프레젠테이션 내용에 집중하지 못하게 하거나 자리를 대신하게 해서는 안 된다.

우리는 지금까지 슬라이드당 200데이터나 되는 자료, 각 20개의 단어로 꽉꽉 채워진 문장, 도표나 그림이라고 볼 수 없는 것, 너무 작은 활자와 같은 시각적 디자인의 기본 원칙에도 어긋나는 잘못된 사례들을 보아왔다.

만약 우리가 고객과 잘 알고 있는 사이라면 우리는 심술궂은 제안을 할지도 모른다.

"슬라이드는 그냥 올려놓고 아무 말도 하지 마세요."

"아니, 왜 우리가 그래야 하나요?"

그들은 이렇게 묻는다. 우리의 대답은 간단하다.

"그러지 않아도 되니까요!"

사람들은 자료가 가득 찬 슬라이드를 보면서 동시에 당신의 이야기를 듣지 못한다. 그래서 자료를 적당히 준비해서 당신의 말에 집중할 수 있게 해야 한다. 당신이 프레젠테이션의 주인공이지, 슬라이드가 프레젠테이션의 주인공은 아니다.

여기 한 가지 제안이 있다. 다음번에 파워포인트 프레젠테이션을 할 때 두 가지 세트의 슬라이드를 준비하는 것이다. 하나는 최소한의 데이터가 들어 있는 슬라이드 세트로, 발표자인 당신이 말을 하면서 세부적인 내용은 살을 붙여 나간다. 다른 하나는 좀 더 많은 정보를 넣어 프레젠테이션 이후에 나눠줄 배포물로 사용하거나 프레젠테이션을 잘 따라오지 못하는 사람을 위한 자료로 준다.

실용적인 원칙으로, 만일 당신이 파워포인트를 사용한다면, 청중의 관심의 90%는 당신에게, 10%는 슬라이드에 오게 해야 한다. 그 반대가 되어서는 안 된다. 다시 한 번, 도표나 그림, 문자 등은 시각적 보조 수단이지 시각적인 방해물이 되어서는 안 된다. 이것이 파워포인트를 잘 활용하는 방법이다.

그리고 만일 당신이 글자를 30포인트 미만으로 한다면, 그것은 청중이 보기에 무리다. 글자는 크면 클수록 좋다.

4장

질의응답

GOOD SPEECH

Good Speech 1

질문 있습니다

준비해라, 질문을 예상해라

왜 사람들은 나올 수 있는 질문을 예측하지 않고 무언가에 대해 발표하는 것일까? 물론 좋은 프레젠테이션은 청중이 물어보기 전에 이미 의문에 대한 답이 나와 있다(예, 통계는 확증을 위한 증거로 적절하게 제시되어야 한다). 하지만 언제까지나 의문이 풀리지 않을 수도 있을 것이므로 당신은 청중이 어떤 의문을 갖고 있는지 알아내려고 노력해야 한다.

최근 대통령 기자회견에 대한 뉴욕 타임스의 기명 사설란에서, 백악관 직원들은 대통령이 받을 질문의 95%까지 예측할 수 있다고 했다. 당신 역시 자신을 청중의 입장에 놓고 그들의 관점에서 바라본다면 질문을 예상할 수 있다.

예를 들면 당신이 "우리는 이 프로그램을 시작해야 합니다."라고 말한다면 청중은 아마 "왜?"라고 물어볼 것이고, 당신이 "우리 회사는 이 시장 분야에서 우위를 차지하고 있습니다."라고 대답할 수 있을 것이다. 그러면 청중은 또 "증거를 보여 달라."라고 할 것이다. 당신이 "우리는 이 프로그램 운영에 20만 달러를 사용합니다."라고 하면, 그들은 또 "왜 그런 돈이 필요한 거야?"라고 물을 것이다.

나올 수 있는 질문들을 예상하고 대답을 만드는 데 소비한 시간은 그만큼 성과를 낸다. 당신이 받을 수 있는 질문을 10개에서 20개 정도 예상해 보고, 받고 싶지 않은 질문도 10개에서 20개 정도 예상해 보라. 만약 점점 더 곤란한 질문을 받는다면, "저는 지금 그와 관련된 정보를 갖고 있지 않지만 나중에 답해 드리겠습니다."라고 말하면 된다.

Good Speech 2

적극적으로 임하라

방어적으로 할 필요는 없다

최근에 한 경영자는 질의응답 시간에 매우 불편하게 느꼈을 뿐만 아니라 스트레스를 받았던 경험을 이야기해 주었다. 마치 자신이 아이스하키 경기의 골키퍼처럼 일방적으로 방어해야 하는 느낌이 들었기 때문이다.

"볼이 계속 나를 따라다니는 것 같았어요. 오로지 내가 할 수 있는 일은 그 볼을 네트 밖으로 쳐내는 것밖에는 없었어요."

쉽게 떠올릴 수 있는 장면이다. 그러나 중요한 것은 볼을 쳐내 공간을 확보하는 것이 아니라 볼을 때려서 득점하는 것이다.

우리는 청중을 통제하라고 제안하는 것이 아니다. 당신의 태도가 참여의 기본을 막아서는 안 된다. 오히려 대화와 토론을 권장하려고 최선을 다해야 한다. 질의응답에서는 자신감을 갖고 감수성이 있는 자세로 임해야 효과적으로 청중을 통제할 수 있다.

벽에서 떨어져 앞쪽으로 몸을 당겨야 한다. 적극적인 몸짓언어를 사용하고 효과적으로 청중과 시선을 맞추고 소통해야 한다. 목소리에 에너지와 열정을 실어, 위풍당당한 모습을 보여야 한다.

완벽한 대답은 청중을 통제하는 가장 좋은 수단이다. 주장하는 것을 뒷받침해 줄 증거를 제시하며 확신 있게 대답한다면 그 분야에 정통한 전문가로 보일 것이다. 그러나 대답이 계속 또 다른 의문을 남기게 하면, 청중들은 의구심을 느끼고 당신의 통제력은 약화된다.

마지막으로, 우리는 질의응답 도중, 언성이 높아지고 과열된 경우도 종종 보아왔는데, 이때의 해결책은 참을성이다.

당신은 말할 때, 평정심을 유지하고 상황을 잘 판단해서 과열된 상황을 완화시킬 수 있어야 한다. 당신이 상황을 침착하게 정리하고 청중들이 눈치를 주면, 공격적인 사람도 한풀 꺾이고, 상황은 다시 정상으로 돌아올 것이다.

요약하면, 질의응답을 할 때 방어적으로만 대처하지 말고, 편안하면서도 자신감 있게 적극적으로 임하는 것이 좋다.

Good Speech 3

끝까지 잘 들어라

듣는 기술이 질의응답에 있어 성공의 열쇠이다

당신은 회의에 참석해서, 누군가가 이렇게 말하는 것을 들어본 적 있는가? "저희 공장은 뉴욕, 플로리다, 캘리포니아에 있습니다."

그러자 어떤 멍청한 사람이 "당신의 공장은 모두 한 지역에 있나요? 아니면 전국에 퍼져 있나요?"라고 묻는다.

효과적으로 커뮤니케이션을 하려면 먼저 잘 들어야 한다.

당신에게 듣는 기술을 발전시키는 데 도움이 될 몇 가지 제안을 하겠다. 듣는 기술을 향상시키면 질문에 더 능숙하게 대답할 수 있다.

다른 사람의 몸짓언어와 얼굴 표정을 읽어야 한다. 그들은 당신에게 "도대체 무슨 말을 하는지 모르겠다."라든지 "이렇게 말도 안 되는 얘기는 처음이다."라는 비언어적 신호를 보낼 수 있다. 그러면 당신은 잠시 말을 멈추고 그들의 생각이 어떤지 알아보아야 한다. 만약 그들이 인상을 쓰거나, 의아해하는 표정을 짓는다면, 하던 이야기를 잠깐 멈춰야 한다. 무작정 앞으로 나아가서는 안 된다.

주의를 잘 기울여야 한다.

다른 사람이 질문할 때, 당신은 진지한 관심을 나타내야 한다. 다른 생각을 하거나 그들이 무슨 질문을 할 것인지 예측해서도 안 된다. 질문은 연극에서 한 줄 대사를 읊고 빠르게 지나가는 것과 같아서, 그 순간을 집중하지 않으면 질문을 놓쳐버리기 쉽다. 질문에서 묻는 내용이 무엇인지 파악하려고 온 정신을 집중해야 한다.

명확한 설명을 요구해야 한다.

만일 당신이 무엇을 물어보는지 파악하지 못했다면, 질문에 답하려고 들지 말고 그들에게 다시 질문해 달라고 요청해야 한다. 또한 그들이 묻는 질문의 의도를 확인하기 위해, 자신의 말로 되풀이해서 다시 물어보아야 한다.

질문 뒤에 숨어 있는 의도를 파악해야 한다.

사람들은 자신들이 정말 알고 싶어 하는 질문은 남겨두고, 약간 다르게 질문을 던진다. 예를 들면 "너 이번 주 토요일에 한가하니?"라고 물었을 때, 그들은 "그날 나와 함께 야구 보러 가줬으면 좋겠는데.", "난 네가 그날 내 창문 수리를 좀 도와줬으면 좋겠는데."와 같은 다른 의도를 두고 질문을 던질 수 있다. 그래서 왜 그런 특정한 질문을 하는지 모르겠다면, 좀 더 깊이 들어가서 진짜 의도가 무엇인지 확인해야 한다.

Good Speech 4

틈새를 메워라

질문을 다시 포장하라

'로드 러너'라는 고전 만화에서, 주인공인 새가 절벽 끝에 가서 발판을 밟고는 벌어진 틈새를 어떻게든 건너려고 몸부림친다. 이는 마치 상대가 우리에게 어려운 질문을 던지면서 압박해 올 때 느끼는 느낌과도 같아 보인다.

우리는 그 틈새를 메우고 좀 더 안전하게 서 있기를 원한다. 그렇다면 이런 상황에서는 질문에 어떻게 응수하고, 의문을 해소하고, 요점을 전달할 수 있을까?

이는 우리가 '틈새 메우기'라고 하는 기술이다. 즉 견해의 차이라는 틈새에 대화의 다리를 놓고 더 안정적으로 더 확신을 주는 방향으로 전환시키는 단계인 것이다. 당신은 불쾌한 말로 시작되는 질문이나 함정에 빠뜨리는 질문, 당신이 과거에 제안했던 사안이 어떻게 실패했는지 지적하는 질문들을 듣게 될 수 있다. 이럴 때는 질문을 다른 관점에서 바라보거나 자신의 위치를 다시 재정립해야 할 시간이 필요하다.

어느 날, 한 질문자는 우리의 고객에게 "새로운 사업을 시작하는 것은 어려운 경제 상황에서 적절치 못하고 실패할 게 뻔해 보이는 일"이라고 말했다. 우리의 고객은 그에게 다음과 같이 대답했다.

"다른 관점에서 생각해 봅시다(• 틈새 메우기). 이런 상황에서는 순이익을 극대화해야 한다는 압박을 훨씬 더 많이 받을 수밖에 없습니다. 그래서 우리는 사람들이 난국을 헤쳐 나갈 수 있도록 도우려고 하는 겁니다."

좋은 답변이다. 또 다른 경우에는 고객이 대답하기 어려운 구체적이고 복잡한 질문을 받았다. 이에 대한 답변으로 "그건 복잡한 문제로군요, 전반적인 사항을 별도로 정리해서 말씀드리겠습니다(• 틈새 메우기)."라고 말한 후, 그는 자신이 구상했던 방향으로 메시지를 계속 설명해나갔다.

성급하게 대답할 이유는 없다. 당신은 시간을 갖고 천천히 깊이 생각한 다음에 대답해도 된다. 친구 한 명은 질문을 받으면 '주춤거리다'가 좋은 대답을 내놓는 재능을 갖고 있다. 그에게 어떻게 그런 재능을 갖게 되었느냐고 묻자, 모두 어머니 덕분이라고 말했다.

"어렸을 때 나갔다 집에 들어오면 어머니는 항상 어디 있다가 온 거냐고 물어봤지. 그리고 대답할 시간을 주셨지. 그러면 난 잠깐 시간을 들여 생각한 다음 대답했지."

질문을 피하거나, 질문하는 사람에게 적당히 핑계를 대서 둘러대라고 하는 것이 아니다. 그러나 경우에 따라서는 무작정 대답하는 것보다 적절한 틀을 잡아서 대답하는 것이 좋다. 까다로운 질문에 대답할 때는 시간을 갖고 생각한 다음 안전하고 견고한 바탕 위에서 대답할 수 있어야 한다.

거친 바다 위에 다리를 놓는 것처럼.

Good Speech 5

결론부터 시작하라

요점부터 대답하는 방법

누군가에게 질문을 했는데 길고 장황한 대답이 돌아온다면 속이 후련하다기 보다는 불만이 쌓일 것이다.

"그러니까 요점이 뭐야? 요점을 말해줘!"

질문을 받은 사람이 깨달아야 할 것은, 대답할 때 가장 효과적인 방법은 '요점부터 말하는 것'이다. 즉 맨 처음에 일단 결론을 말하고(요점), 그런 다음 결론을 뒷받침하는 증거를 제시해야 한다. 기사를 다룰 때 헤드라인을 먼저 내놓는 것처럼 말이다.

가령 "당신의 프로그램이 성공할 가능성이 있습니까?"라는 질문을 받았다고 하자. 이렇게 대답하는 것은 좋지 않다. "음. 우리가 이미 앞서 추진했던 다른 프로그램들에 대해 설명해 드리죠."라든가, "질문에 대답하기 전에, 먼저 우리 프로그램이 어떻게 개발됐는지 말씀드리겠습니다."

이런 대답은 안 된다! 결론을 먼저 말해야 한다. "우리 프로그램은 세 가지 이유 때문에 반드시 성공할 것입니다. 첫 번째는……." 그리고 계속해 나간다.

우리 고객 중에는 큰 제조업체의 CEO가 있다. 그는 정통 엔지니어로서 기술문서를 작성하는 사람들과 함께 일했다. 그는 대답할 때 '요점부터 말하는 방법'을 지도했다. 그래서 "먼저 결론부터 말하고, 그것을 어떻게 알게 되었는지 설명해 주세요."라고 제안하는 방법을 썼다고 한다.

Good Speech 6

없는 내용을 만들지 마라

항상 옳고 믿을 수 있는 내용을 지향하라

당신은 "개가 숙제를 먹어버렸어요."라는 핑계를 댔다가, 집에 개가 없다는 사실을 들켜본 적이 있는가? 간결한 대답은 훌륭하지만 대답이 사실과 다르거나 타당한 정보가 빠져 있어서는 안 된다.

얼마 전, 어느 화학 회사의 책임자가 방송사에 출연했다. 거기서 자신의 회사가 제조한 석유 첨가제가 건강에 문제를 일으켰다는 의혹에 대한 질문을 받았다.

"이 사람들이 석유 때문에 병에 걸렸다고 주장하는데, 원인이 무엇인지 아십니까?"

그러자 그는 "저는 거기 있지 않아서요. 석윳값이 올랐다는 것은 알고 있습니다만."이라고 대답했다. 이에 인터뷰 진행자가 비꼬는 투로 물었다. "그러니까 석유 가격이 올라서 사람들이 골머리를 앓아서 불평한다는 말씀이시군요?"

침묵이 흐르며 책임자의 얼굴에는 당황스런 표정이 역력했다. 계속해서 진행자가 "그게 말이 된다고 생각하십니까?"라고 묻자, 그는 더욱 곤혹스러워하며, "흐음. 아. 예."를 반복했고, 곧 분위기는 어색하고 무겁게 흘러갔다. 수백만 명의 시청자 앞에서 망신을 당하는 순간이었다.

Good Speech 7

언쟁이 붙을 수 있는 시비조의 질문들

당신의 청중을 좋은 방향으로 통제하라

사람들은 왜 질문을 할까? 당연히 궁금해하는 것에 대해 해답을 얻기 위해서다. 아니면 프레젠테이션에서 당신이 다루는 주제에 좀 더 깊이 들어가기 위해서다. 이는 긍정적인 이유에 해당한다.

그러나 어떤 사람들은 단지 사람들 앞에 나서고 싶다거나 똑똑해 보이고 싶어서 질문을 하기도 한다. 또 어떤 사람은 당신과 경쟁 관계에 있기 때문에 당신에게 압박을 주려거나, 아니면 시비를 걸어 논쟁을 일으키려고 질문할 수도 있다.

만약 청중에 대한 사전 정보가 있다면, 까다롭거나 적대적이고 심지어 무례한 질문에도 어느 정도 대비할 수 있을 것이다. 하지만 공격적인 태도로 질문 공세가 이어지고 순조롭게 진행하기 어려울 때는 어떻게 해야 할까?

인내는 미덕이고 평정심은 재능이라고 했다. 이는 어려운 질문 공세를 받을 때만큼 효과가 발휘되는 경우도 없다. 만약 당신이 화를 참지 못하거나 질문이 길다고 해서 중간에 자른다면 싸움에서 지는 것이다. 자제해야 한다. 속으로 꾹 참고 삭혀야 한다. 이럴 때는 비언어적 커뮤니케이션이 무엇보다 중요하다. 질문자의 눈을 똑바로 쳐다보고, 침착하고 냉정하게 평상심을 유지해야 한다.

마지막으로, 청중은 일반적으로 '자기중심적'이다. 질문자가 시끄럽거나 통제하기 곤란하고 게다가 거만할 경우, 보통은 청중들이 불평함으로써 수그러들거나 말과 행동을 자제한다. 질문에 성의껏 대답하는데도 질문자가 계속 멈추지 않는다면, 회의가 끝난 후에 문제를 논의하자고 제안하는 편이 좋다.

참을성이 중요하다는 것을 기억해야 한다.

Good Speech 8

질문자를 존중하라

질문에 대답하는 요령

최근 들어 TV에서는 너무나 많은 리얼리티 쇼와 범죄 드라마가 방영된다. 시청해 본 사람은 알겠지만, 등장인물은 불쌍할 정도로 상대방의 심문에 호된 질문 공세를 받는다. 물론 발표할 때도 비슷한 일이 가끔 일어나는데, 대부분은 당신이 질문자에게 예의를 갖추고 임하면, 그들도 똑같이 예의를 보일 것이다. 이와 관련하여, 11가지의 지침이 있는데 다음번 질의응답을 할 때 청중을 더 능숙하게 이끌어나갈 수 있게 도와줄 것이다.

1. 예상되는 질문 리스트를 만들고 또 하나는 받고 싶지 않은 예상

질문 리스트를 만든다.

2. 가능하다면 프레젠테이션을 하는 동안에 질문을 받고, 그들이 제기하는 문제나 반대 의견에 즉시 대답할 수 있도록 준비한다. 당신과 청중 사이의 우호적인 관계를 높이는 데 도움이 된다.
3. 프레젠테이션 후 질의응답 시간을 가질 때, 첫 질문을 받기 전에 청중에게 질문은 몇 분 동안 주어지는지 말해준다. 이는 질문을 신속히 생각해서 시간을 낭비하지 않도록 해준다.
4. 질문을 요청해도 청중들이 질문을 하지 않을 경우가 있다. 이럴 때는 한두 가지의 예제를 준비하여 "제가 많이 받는 질문 중에 하나는……." 이런 식으로 질문을 이끌어간다.
5. 질문을 끝까지 잘 듣고 확실히 알아들어야 한다. 필요하다면, 질문의 내용을 확인하기 위해 당신의 말로 바꿔서 되물어본다. 또한 질문 뒤에 숨겨진 의도를 예상해 본다(왜 그 질문을 하는 것일까?).
6. 질문자가 예리하고 좋은 질문을 했다고 생각하면, "좋은 질문입니다."라고 인정해 줘야 한다. 하지만 지나치면 생색을 내는 듯한 인상을 줄 수 있다.
7. 질문에 간결하게 대답해야 한다.
8. 대답할 때 이해를 도울 수 있는 사례를 인용한다.
9. 대답하기 어려우면 그렇다고 말해야 한다. 혹시 함께 참석한 사

람들 중에 대답할 수 있는 사람이 있는지 찾아보고, 없으면 가능한 한 빨리 답을 주겠다고 약속한다.

10. 공격적인 성향의 질문자를 대할 때는 방어적으로 해서는 안 된다. 그들의 말을 잘 듣고 관심에 호의적인 태도를 보여야 한다. 만약 그들이 질문을 멈추지 않는다면, 다른 사람들과의 형평성 때문에, 프레젠테이션을 끝낸 후 문제를 다시 의논하자고 말해야 한다.
11. 프레젠테이션의 핵심을 다시 한 번 언급하고 질의응답을 마친다.

5장

마무리

GOOD SPEECH

Good Speech 1

그것은 믿을 수 있다

아리스토텔레스는 똑똑한 사람이다

자신의 메시지를 상대에게 이해시키는 원동력은 신뢰를 얻는 것이다. 당신이 하는 말이 믿을 수 있고 일관성이 있으면 당신에 대한 신뢰는 높아진다. 진실을 왜곡하거나 태도를 자꾸 바꾸면 신뢰를 잃을 수 있다.

주변 사람들과 신뢰를 쌓아간다는 것은 오랜 시간이 걸릴 수 있다. 하지만 신뢰를 쌓을 틈도 없이 청중 앞에 서야 할 경우는 어떻게 해야 할까? 짧은 시간에 어떻게 신뢰를 구축해야 할까? 좋은 친구이자 현재 보스턴에서 홍보회사를 운영하는 피터 모리세이는 '신뢰 기반의 구축'에 대한 좋은 글을 썼다. 그는 설득을 위한 수사학에 관해 '아리스토텔레스의 방식'을 언급하면서 자신의 요점을 밝혔다.

아리스토텔레스가 말하는 설득의 세 가지 원리인 에토스(ETHOS), 파토스(PATHOS), 로고스(LOGOS)는 서로 복잡하게 얽혀 있다(여기서도 3의 마법이 적용된다).

에토스에는 신뢰, 정직, 명성 등 도덕적 특성에 관한 것들이 포함된다. 우리가 말할 때, 이 에토스는 크게 바뀌지 않는다. 듣는 사람은 단지 말하는 사람에 대해, 허용할 수 있는 만큼의 신빙성과 도덕성을 갖고 있을 것이라고 가정할 뿐이다. 그러나 당신이 침착하고 성실한 태도를 보여주면 신뢰성이 표면으로 드러난다. 반면에, 당신은 파토스와 로고스를 움직여 당신의 쪽으로 유리하게 만들 수 있다.

파토스는 당신이 확신과 정열을 표출할 때 생겨난다. 정열은 듣는 사람의 감정에 작용하여, 사람들에게 영향을 미치고 설득할 수 있게 해준다. 모리세이가 말한 것처럼 "파토스는 동정심을 불러일으키거나 두려움을 가져오며, 행동을 실행하도록 하는데 사용할 수 있다." 거의 모든 훌륭한 연설가, 즉 마틴 루터 킹, 케네디, 조지 패튼, 빈스 롬바르디가 이를 훌륭히 활용한 사람에 속하며, 이들은 사람들을 자극해 행동하게 만들었다.

로고스는 논리를 의미한다. 당신이 말하는 내용은 합리적이고 쉽게 이해할 수 있는가? 이것 또한 신뢰를 이끌어내는 방식이다. 잘못 전달하거나 과장하지 않고 사실을 말해야 한다는 것을 의미한다. 여기에 주장을 뒷받침해 줄 증거를 사용하면 청중은 지속적으로 흥미를 느끼고 더 많은 신뢰를 느낀다.

항상 아리스토텔레스의 이론을 떠올려 보고, 에토스, 파토스, 로고스와 반대되는 당신의 커뮤니케이션 방식이 없는지 살펴보아야 한다. 많은 도움이 될 것이다.

Good Speech 2

설득을 방해하는 걸림돌

커뮤니케이션을 방해하는 10가지 장애물

이제 결말 부분이다. 이제 언제 어디서든 간결하고 명확하게 말하는 데 방해가 되는 10가지의 요소를 다시 한 번 요약하려고 한다.

1. 우리는 말하고자 하는 요점을 확실히 알고 있지 못한 채 말을 시작한다. 그래서 원점에서 벗어나지 못하고 요점을 밝히지 못하기 때문에 듣는 사람이 혼란스러워 한다.
2. 우리는 말할 때 다이아몬드 모델을 사용하지 않는다. 그래서 자신의 생각을 닥치는 대로 말하게 되고, 듣는 사람은 당신이 말하는 것을 이해하지 못한다.

3. 우리는 듣는 사람에게 어떤 혜택이 있는지를 말하지 못한다. 그래서 듣는 사람들은 우리가 말하는 것에서 가치를 느끼지 못한다.

4. 우리는 말을 너무 많이 함으로써 요점을 벗어난다. 그래서 듣는 사람은 지루해하고 흥미를 잃는다.

5. 우리는 너무 많은 전문용어를 사용한다. 그래서 듣는 사람은 우리가 하는 말을 이해하려 하다가 전체 내용을 놓쳐버린다.

6. 우리는 듣는 사람과 거의 혹은 아예 눈을 마주치지 않는다. 그래서 상대방은 대화에 완전히 집중하지 못하고 우리는 소통에 실패한다.

7. 우리는 단조로운 목소리 톤으로 또는 힘없이 말한다. 그래서 듣는 사람의 관심을 끌지 못하고 그들은 다른 생각을 하게 된다.

8. 우리는 말하는 내용에만 신경을 쓸 뿐, 다양한 표정 등의 몸짓언어는 사용하지 않는다. 그래서 듣는 사람은 우리의 이야기를 지루하게 생각하며 흥미를 느끼지 않는다.

9. 우리는 너무 빠르게 말한다. 그래서 듣는 사람은 우리의 말을 따라가지 못하거나, 우리가 얼렁뚱땅 넘어가려고 하는 것으로 느낀다.

10. 우리는 말을 하면서 비유나 이야기와 같은 관심을 끄는 요소를 사용하지 않는다. 그래서 우리의 메시지는 깊은 인상을 남기지 못한다.

Good Speech 3

다음은 뭐죠

여기서 어디로 가야 합니까

사람들은 종종 "이런 기술을 잘 사용하려면 어떻게 해야 하죠?"라고 질문한다. 그것은 오래된 농담 "제가 카네기 홀에 들어가려면 어떻게 해야 하죠?"와 같은 것이다. 대답은 같다.

"연습, 연습, 연습뿐이다."

당신은 자신을 위해 스스로 기회를 만들어야 한다. 회의가 있을 때, 이끌어가는 역할을 하거나, 다른 사람 앞에서 자신의 관점을 분명히 말함으로써 그렇게 할 수 있다. 질문을 많이 하고 마지막에 회의를 요약할 수 있어야 한다. 다음 회의에서 자신이 발표하겠다고 자진해서 나서고, 다른 사람을 위해 가치 있는 것을 제공할 수 있어야 한다. 이렇게 의식적으로 사람들의 눈에 띌 수 있는 방법을 찾지 않는다면 군중 속에 묻혀 버리고 말 것이다.

근래에는 커뮤니케이션을 위한 학원이나 단체가 많이 있다. 이런 곳들은 여러 사람 앞에서 말하는 것을 도와주는 곳이다. 꼭 전문적인 지도를 받지 않더라도, 다른 사람들에게 지원과 피드백을 받을 수도 있다. 만약 좀 더 큰 무대로 나아갈 준비가 되었다면, '전국 강연자 협회' 등에 등록해서 말할 기회를 갖는 것도 좋다.

이런 단체는 전문 연설가들로 구성되어 있으며, 자신의 강연 기술을 발전시키고, 강연자로서 자기 자신을 어떻게 홍보해야 할지를 알려준다.

또 다른 제안은 주변 사람들 중에 존경하는 사람에게 자문을 구하는 것이다. 당신이 명료하게 커뮤니케이션을 하고 있는지 사람들에게 물어보자. 당신이 잘하는 것은 무엇이며, 더 발전해야 할 부분은 무엇인지 물어보아야 한다.

Good Speech 4

보이고 들리게 하라

당신의 미래에 대한 마케팅

할머니는 종종 "아이들은 남의 눈에 잘 띄면 좋지만, 귀에 들리는 건 좋지 않다."고 하셨다. 하지만 당신에게 해줄 조언은 당신은 더 이상 아이가 아니라는 점이다. 만약 당신이 더 성공하고 싶다면 자신의 이야기가 사람들에게 들릴 수 있게 해야 한다.

자신을 홍보하는 것은 일반적으로 우리가 타고난 특성은 아니다. 그것은 아마도 우리가 자라면서 교육을 받은 탓이기도 하지만, 대부분의 사람은 자신에 대해 자랑하는 것을 어색하게 느낀다. 하지만 우리가 전에도 말했듯이, 우리 자신은 하나의 상표라는 점을 기억해야 한다. 우리는 자신만의 신념과 생각하고 말하는 방식이 있다. 좋은 상품

관리자가 자신의 상품에 대한 마케팅 계획을 세우는 것처럼, 당신도 자기 자신을 언제, 어떻게 알릴지 마케팅 계획을 갖고 있어야 한다.

그러면 자신을 위한 마케팅 계획은 어떻게 만들 수 있을까? 우선 메시지이다. 생각을 모아 간단한 1분짜리 '엘리베이터 연설'을 만드는 것이다. 주제는 회사가 직면해 있는 시급한 문제나 당신이 현재 맡고 있는 프로젝트 혹은 머릿속에 구상했던 독창적인 아이디어가 될 수 있다.

그런 다음 이런 메시지를 하나의 완전한 프레젠테이션으로 확대하는 방법을 생각해야 한다. 그리고 잘 만든 메시지를 당신의 핸드폰처럼 항상 옆에 두고 있어야 한다.

이제 실행에 옮겨야 한다. 어떤 비즈니스 전문가는 '걸어 다니면서 하는 경영'이라는 용어를 만들어냈다. 이를 우리는 '움직이면서 보여주는 것'이라고 부르겠다. 사무실을 벗어나 다른 사람의 눈에 띄어야 한다. 어떤 사람은 경영진의 사무실 앞 복도를 어슬렁거리면서, 이사회를 끝내고 나오는 목표 인물과 우연을 가장해서 부딪치려고 한다. 또 어떤 사람은 자신을 알리려고, 점심시간 직전에 본사의 엘리베이터를 타고 오르락내리락하기도 한다.

이런 경우는 약간 극단적으로 보이긴 해도 그들은 실낱같은 희망을 갖고 움직이는 것이다.

움직이면서 보여주는 것 이외에도, 당신은 자신의 생각을 표현할 수 있는 '예약'된 기회를 잡을 수 있어야 한다. 회사, 협회, 학술단체, 모임, 종교단체 등 모든 조직은 커뮤니케이션의 기회를 제공한다. 이런 기회는 직원회의, 이사회, 위원회 회의, 세일즈 회의, 공공회의, 각종 모임 등 열거할 수 없을 정도로 많다. 사람들은 모일 때, 누군가가 잘 구성한 소통할 만한 이야기에 의존한다. 왜 그럴까? 많은 사람들이 여러 사람 앞에 나서기를 꺼려한다. 그리고 앞에 나가서 말하는 것보다 가만히 앉아서 듣는 것을 좋아한다. 그러므로 이것이 오히려 당신에게 훌륭한 예약된 기회가 될 수 있다. 용기를 내서 대박 기회를 잡아야 한다.

마지막으로 성공은 성공을 낳는다. 당신이 점점 더 명확하고 간결한 커뮤니케이션을 해나갈수록 점점 더 많은 사람이 당신을 원하게 될 것이다. 이는 당신이 성공을 위해 자신의 계획을 잘 실행하고 있음을 나타내는 증거이다.

기술 분야에 재능이 있는 친구 한 명은 하루 종일 회사의 연구실에서 지낸다. 그는 연구실이 가장 편하게 느껴진다고 말한다. 어느 날 우리는 친구에게 전화를 걸어, 그가 그토록 바라던 승진이 어떻게 되었느냐고 물었다. 그런데 그는 승진을 발표하는 날 어디에 있었는지 아는가? 그는 묵묵히 연구실에서 일을 하고 있었다. 승진에 대한 결과는? 그의 대답은 "아니. 승진 못 했어."였다. 그는 사람들에게 자신을 드러내야 한다는 것을 모르고 있었다.

Good Speech 5

뛰어난 커뮤니케이션을 위한 5C

명료(Clarity), 간결(Conciseness), 특색(Color), 확신(Conviction), 통제(Control)

왜 사람들 간의 커뮤니케이션이 이토록 자주 실패할까? 이는 노력의 부족 때문만은 아니다. 어떤 사람은 열정도 없이 계속 재잘거리며, 어떤 사람은 자신의 메시지에 너무 많은 단어와 생각을 꽉꽉 채우고, 또 어떤 사람은 자신의 무한한 창의력을 보여주느라고 정신이 없다. 또 어떤 사람은 듣는 사람에게 자신이 말하는 논리적 근거를 어렴풋이 이해해 주길 원한다.

C로 시작하는 단어 다섯 개를 기억해야 한다. 이는 커뮤니케이션을 할 때 당신의 단점을 극복할 수 있게 도움을 줄 것이다.

첫 번째는 명료, 즉 명확히 요점을 밝히라는 것이다. 오래된 우스갯소리지만 "노후한 견공에게 혁신적인 방법을 아무리 주입해도 효과가 없다."는 말이 있다. 이렇게 말하는 대신에 "늙은 개에게 새로운 기술을 가르쳐도 소용없다."고 쉽게 말해야 한다. "저희는 이 프로젝트를 치밀하게 기획하고, 이 분야의 굳건한 정책적 원칙에 바탕을 두었기 때문에 성공의 가능성이 매우 높습니다."라고 말하기보다, "저희는 이 프로젝트를 성공할 수 있도록 만들었고, 반드시 그렇게 될 겁니다."라고 명료하게 말해야 한다.

다음은 간결이다. 이는 가능한 최소한의 단어로 필요한 만큼 말하는 기술이라고 정의할 수 있다. 연설문 작성자가 혹시 이렇게 말하지 않던가. "나는 당신을 위해 30분짜리 연설문을 썼습니다. 왜냐하면 10분짜리로 적절하게 간추릴 시간이 없었거든요." 단어와 문장을 줄여 적절하게 쓰기는 어렵다. '단어의 경제원리'를 깨달아야 한다. 쓸데없는 말은 과감히 빼고 군더더기가 없어질 때까지 계속 쳐내야 한다.

특색은 마치 유명한 레스토랑의 인기 좋은 스테이크가 팔리는 비결과도 같다. 이는 우리 모두를 무지개로 매료시켜 끌어당기는 스펙트럼이며, 극적인 부분에서 맛깔스럽게 연기해내는 배우의 능력으로도 비견된다. 말에서의 특색이란 잘 선택된 관용어, 매우 흥미로운 일화, 예상치 못한 인용, 놀라게 만드는 수치, 또는 멋들어진 '말의 향연'을 의미한다. 이런 것은 초라하고 볼품없는 프레젠테이션에 창의성과 재미, 독창성을 더해준다.

이제 확신으로 넘어가보자. 마틴 루터 킹, 레이건, 케네디를 훌륭한 연설가이자 강력한 소통자로 만든 것은 무엇인가? 그렇다. 이들은 말을 잘 사용했고, 말의 '속도'에도 있어 뛰어난 감각을 갖고 있었다. 게다가 강력한 비언어적 커뮤니케이션 기술을 갖고 있다. 하지만 더 중요한 것은 이들이 대부분의 유능한 연설자들과 마찬가지로 확신과 열정을 잘 보여 주었다는 점이다. 확신과 열정은 열의로 이어지고 이는 당신의 생각을 청중에게 팔 수 있게 해준다.

마지막으로, 통제이다. 이것은 질의응답을 다룰 때뿐만 아니라, 발표할 때도 중요한 요소로 작용한다. 우리는 말을 할 때 내용과 전달을 적절히 통제할 수 있어야 한다. 즉 정해진 시간 안에, 준비한 '원고' 내용을 충실하게 전달해야 한다. 거기에 새로운 내용을 추가하거나 즉흥적인 말을 덧붙여서 시간을 끌어서는 안 된다.

질의응답 시간의 통제란, 까다롭거나 어려운 질문에 대답할 만반의 준비를 하고 있다가, 막상 그런 질문을 받았을 때 의도하는 방향으로 이끌어가는 것을 말한다. 방어적인 자세를 버리고 적극적인 자세로 청중을 이끌어가야 한다.

명료, 간결, 특색, 확신, 통제……. 이것들을 한데 묶어야 한다. 그러면 누구나 자신감을 갖는 멋진 스피치의 주인공이 될 수 있다.

1장 2의 정답: 연기 있는 곳에 불이 있다.

스피치는 3분으로 결정된다

●
1판 1쇄 발행 ‖ 2020년 9월 20일

●
지은이 ‖ 케빈 캐럴 & 밥 엘리엇
옮긴이 ‖ 서은영
펴낸이 ‖ 김규현
펴낸곳 ‖ 밀라그로
주　소 ‖ 경기도 고양시 일산동구 백석2동 1456-5
전　화 ‖ 031) 907-9702
팩　스 ‖ 031) 907-9703
E-mail ‖ kyungsungline@hanmail.net
등　록 ‖ 1994년 1월 15일(제311-1994-000002호)

●
ISBN ‖ 978-89-5564-180-6 (03320)

* 책값은 뒤표지에 있습니다.
* 잘못 만들어진 책은 구입하신 곳에서 바꾸어 드립니다.
* 경성라인은 밀라그로의 자회사입니다.